选择济南 共赢未来

U0623056

创业

是发展之源

CHUANGYE

SHI FAZHANZHIYUAN

主 编／窦进科

山东城市出版传媒集团·济南出版社

编 委 会

主　编　窦进科
副主编　金鲁峰　张　弛　张良红
　　　　　晋鸿敏　韩　超

序

在"十四五"开局之年、山东全面开启新时代现代化强省建设新征程之际，济南市公共就业服务中心窦进科等同志牵头，组织我省就业创业服务工作者编写的"选择济南 共赢未来"丛书正式出版，这是全面落实党的十九届五中全会精神、山东省委十一届十二次全体会议的具体措施，也是做好"六稳"工作、落实"六保"任务成果的集中体现。我由衷地对本丛书的出版表示祝贺，向本书的编写者、出版者为山东就业创业工作付出的努力表示感谢！

青年是党和国家宝贵的人力资源。习近平总书记对青年大学生给予厚望，勉励当代大学生志存高远、脚踏实地，要求各级各部门切实做好以高校毕业生为重点的青年就业工作。济南市高校集聚，青年大学生资源丰富，更好地促进青年大学生就业创业，济南市的任务艰巨、使命光荣，更需要把青年大学生就业创业作为就业创业工作的首要任务，综合施策，促进青年大学生更加充分更高质量就业创业。

近年来，济南市就业创业服务一直走在全省前列，创造了

"温暖人社"服务品牌。面对新时期青年大学生的多元化就业需求，济南市更要秉承以人为本的服务理念，通过构建覆盖在校期、求职期、就业期、创业期不同阶段的全方位服务举措，聚焦青年大学生求职创业需求需要和关心关注的问题，打造"全谱系、细分化"的青年大学生就业创业服务链，实现广大青年大学生的立业、兴业、乐业。

"选择济南 共赢未来"丛书，聚焦青年大学生的就业与创业两大时代课题，分别以"就业是民生之本""创业是发展之源"为主题，深入解读了新时期济南市青年大学生就业创业工作理论研究成果，全面介绍了新时期济南市促进青年大学生就业创业的政策措施，重点展现了新时期济南市青年大学生就业创业的典型案例。这既是一套深入浅出的培训教科书，又是一套图文并茂的职业指导书，还是一套简明扼要的政策宣讲书。它的付梓出版，直击热点，着眼现实，恰逢其时，很有意义。

是为序。

山东省人力资源和社会保障厅
党组副书记、副厅长，一级巡视员
2021 年 3 月

目　录

理论篇

一、国家对创业的总体部署 / 6

（一）创业是财富之源 / 6

（二）创业的整体形势 / 14

二、大力开展"双创"工作 / 26

（一）创业环境 / 26

（二）政策支持 / 43

三、全程创业服务 / 50

（一）建立"两上两下两库"创业服务体系 / 50

（二）"四进四送四建"创业服务活动 / 53

（三）大学生创业服务链条 / 54

（四）大学生创业孵化基地建设 / 54

政策篇

一、创业补贴政策／59

（一）小微企业一次性创业补贴／59

（二）小微企业一次性创业岗位开发补贴／61

（三）小微企业新招用高校毕业生一次性奖补／62

（四）小微企业招用高校毕业生社会保险补贴／63

（五）小微企业创业场所租赁补贴／64

（六）个体工商户一次性创业补贴／66

（七）个体工商户创业场所租赁补贴／68

（八）创业孵化补贴／70

（九）创业培训补贴／71

（十）创业大赛奖励／73

二、创业担保贷款政策／74

（一）个人创业担保贷款／74

（二）小微企业创业担保贷款／76

三、税收减免政策／78

（一）重点群体创业就业税收优惠／78

（二）自主就业退役士兵创业就业税收优惠／81

四、济南市大学生创业孵化中心申请入驻政策／83

五、返乡创业服务站奖补政策／84

案例篇

薯立方，创造地瓜奇迹

    ——记济南地瓜坊企业管理咨询有限公司宋章峰／89

带"贵族水果"促乡村振兴

    ——记章丘龙翔树莓生物科技有限公司窦广磊／91

打工为"媒"

    ——记山东信德人力资源有限责任公司孙淑君／94

小主题里显身手

    ——记济南飞鸟文化传媒有限公司潘月振／96

牵线乡村游

    ——记济南乐活网络技术有限公司李华宾／100

"淘宝"新天地

    ——记山东瀛云斋文化艺术中心鲁雪斌／104

诚信自有价值在

    ——记山东鼎聚企业管理咨询有限公司张琪／111

机会总是青睐有准备的人

    ——记山东怡然信息技术有限公司路华／116

创业很苦，坚持很酷

    ——记济南雨滴教育科技有限公司李洪坤／119

不忘初心，在不断创业中寻找出路

    ——记济南青创大学生创就业服务中心屈子千／123

在言行举止中弘扬大国之礼

　　——记山东大国之礼教育咨询有限公司兰宗晓／128

心存至善，方能致远

　　——记山东乐格信息科技有限公司王智／133

勇攀线上服务的顶端

　　——记济南顶商信息科技有限公司王朋／137

在创业中实现人生价值

　　——记山东爱不释书数字技术有限公司耿化龙／140

编后记／145

理论篇

2017 年 8 月， 在第三届中国 "互联网 +" 大学生创新创业大赛 "青年红色筑梦之旅" 活动中， 参赛的大学生给习近平总书记写信， 总书记给他们的回信中有如下一段话：

希望你们扎根中国大地了解国情民情， 在创新创业中增长智慧才干， 在艰苦奋斗中锤炼意志品质， 在亿万人民为实现中国梦而进行的伟大奋斗中实现人生价值， 用青春书写无愧于时代、 无愧于历史的华彩篇章。

2015 年， 清华大学创客空间协会的 7 位学生代表联名给李克强总理写信， 介绍了清华大学创客空间协会在学校的指导和支持下围绕创意、 创新、 创业开展的工作情况， 表达了大学生创客们在 "大众创业、 万众创新" 浪潮中勇于担当， 积极发挥引领示范作用的决心和愿望。

2015 年 5 月 4 日，清华大学的大学生创客们收到了一份特殊的青年节礼物——李克强总理的回信。回信全文如下：

清华大学的学生创客们：

"五四"青年节前，收到你们的来信，被你们的活力所感染，更为你们的创新精神所打动。创客将奇思妙想转化为现实产品，这与刻在你们校园日晷上"行胜于言"的校风相得益彰。毫无疑问，学习是学生第一位的任务。我希望当代大学生要有钻研学问的精进态度，学好基础知识，提高基础本领，筑实基础研究，在学习中不仅要向书本学习，也要向实践学习。与此同时，也应鼓励勇于打破常规创新创业的开拓精神。

　　"大众创业、万众创新"，核心在于激发人的创造力，尤其在于激发青年的创造力。青年愿创业，社会才生机盎然；青年争创新，国家就朝气蓬勃。

　　我很欣赏你们信中所说的，在创客的时代，创造不再是少数人的专业，而是多数人的机会。政府将会出台更多的积极政策，为"众创空间"清障搭台，为创客们施展才华、实现人生价值提供更加广阔的舞台。

　　希望你们不断丰富创客文化，把创客种子在更大范围播撒开来。有机会我会去清华大学看望你们的创客团队。向老师和同学们问好！

习近平总书记、李克强总理给同学们的回信，充分体现了党和国家对创新创业的高度重视，特别是对大学生创新创业的高度关注。

　　李克强总理在 2014 年 9 月夏季达沃斯论坛上首次公开发出

"大众创业、万众创新"的号召，又在 2015 年 3 月 5 日政府工作报告中提出，打造"大众创业、万众创新"和增加公共产品、公共服务成为推动中国经济发展调速不减势、量增质更优，实现中国经济提质增效升级"双引擎"。之后，我国迅速掀起了"大众创业""草根创业"的新浪潮，形成了"万众创新""人人创新"的新态势。

一、 国家对创业的总体部署

（一） 创业是财富之源

1. 创业的意义

国家为什么提倡"大众创业、万众创新"？纵观一个国家的发展，创业是经济活力的重要源头，而创业活动来源于一批敢为人先、勇于创新、开拓进取的创业者，创业者是经济社会发展的重要推动力量之一。如今，创业正在世界范围内催生一种全新的经济形态，这种经济形态突出强调创新创业对于社会经济发展的贡献，通过创新创业可以发现市场空白、丰富市场供需、引领消费升级，更好地满足多样性和深层次的需求，推动消费结构升级和市场繁荣兴旺。

（1）从发展动力看，创新创业是人类文明进步的不熄引擎，是植根于每个人心中具有顽强生命力的种子。推动经济发展，不仅要解放社会生产力，更要解放社会创造力。我国是世界上人口最多的国家，14亿勤劳智慧的中国人民蕴藏着无穷的创造力。试想一下，如果14亿人的创新创造潜能充分释放出来，那将给经济社会发展带来什么样的变化。

（2）从自然禀赋看，创新是中华民族的固有气质，中华文明5000多年生生不息，源于中国人民自强不息、敢于创新的禀性。特别是，新中国的成立开启了自力更生、自主创新的大门，改革开放更是点燃了人人创新创业的火种。从农村家庭联产承包责任制开始，到城市国有企业改革、放开集体经济、发展私营经济等，都是着眼于调动千千万万人的积极性、创造性。

（3）从发展阶段看，现在我国经济发展进入新常态，传统增长动力在减弱，资源环境约束在加剧，要素成本越来越高，必须走转变发展方式、提质增效升级之路。中国要在世界新技术革命和产业变革的新格局中占据主动，必须要创新。世界上资源有限，而人的潜力无穷，这就是更大范围、更高水平的"大众创业、万众创新"。

（4）从时代趋势看，中华大地正在兴起新的创新创业热潮，出现了以大学生等90后年轻创业者、大企业高管及连续创业者、科技人员创业者、留学归国创业者为代表的创业

"新四军"，草根创新、蓝领创新、创客、众创空间等新的形式层出不穷。创新创业正在成为一种价值导向、一种生活方式、一种时代气息。

（5）从客观条件看，一方面，人们的消费需求越来越多样化，这就需要更多地解决日常生产生活难题，从而形成新产业、新业态的产品和服务；另一方面，我国社会主义市场经济体制不断完善，引导和鼓励市场主体加快创新，促进创新要素在更广范围内加快流动。

2. 创业的类型

国家鼓励大众创业。按照创业主体的社会角色，主要有大学生创业、科研人员创业、留学人员创业、农民工返乡创业等几种类型。

（1）大学生创业。大学生创业是一种以国内在校大学生

和毕业大学生为创业主体的创业过程。 随着我国社会就业压力的不断加剧， 创业逐渐成为在校大学生和毕业大学生的一种职业选择方式。 大学生有着较为丰富的知识储备， 是符合我国 "十三五" "十四五" 规划的主要创业人群。 为促进大学生创业， 李克强总理在 2014 年 4 月 30 日主持召开国务院常务会议， 研究确定了进一步促进高校毕业生就业创业的政策措施。 《关于做好 2014 年全国普通高等学校毕业生就业创业工作的通知》 《关于实施大学生创业引领计划的通知》 等政策相继出台， 以帮助更多高校毕业生自主创业。

（2） 科研人员创业。 科研人员创业是一种以科研人员为创业主体的创业过程。 2015 年， 国务院印发 《关于进一

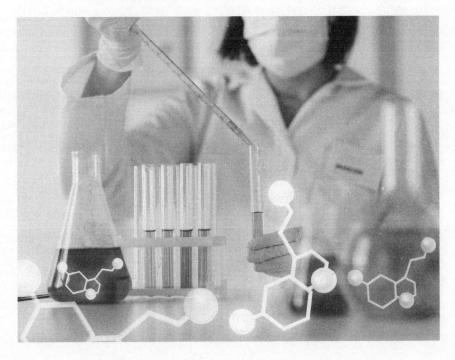

步做好新形势下就业创业工作的意见》，向国有科研人员抛出绣球，以保留3年体制内身份和待遇为优惠条件，鼓励他们离岗创业。政策强调，经原单位同意，可在3年内保留人事关系，与原单位其他在岗人员同等享有参加职称评聘、岗位等级晋升和社会保险等方面的权利。

（3）留学人员创业。留学人员创业是一种以留学人员为创业主体的创业过程。自2012年起，中国留学人员回国人数出现了井喷式增长。教育部数据显示，2011年的回国人数是18.62万，到2015年达到了40.91万。另外，数据显示，我国出国人数和回国人数之间的差距正逐年缩小。可以预见的是，在不久的将来，中国将迎来回国人数超越出国人数的历史拐点，届时中国极有可能摆脱人才大量流向他国的困境，转变为世界最主要的人才回流国。

（4）农民工返乡创业。 农民工返乡创业是一种以农民工为创业主体的创业过程。 2015 年， 国务院办公厅印发 《关于支持农民工等人员返乡创业的意见》； 2020 年， 人社部等 15 部门又联合印发了 《关于做好当前农民工就业创业工作的意见》。 多渠道支持农民工返乡创业， 全面激发了农民工返乡创业的热情， 使广袤乡镇百业兴旺， 打开了新型工业化和农业现代化、 城镇化和新农村建设协调发展新局面。

3. 大学生创业的意义

接受过系统科学素养和人文精神熏陶的大学生， 具备较强能力和较高素质， 是国家最宝贵的人力资源和科技资源。 大学生作为四大创业主体之一， 其创业意义重大， 主要表现在以下几个方面：

（1）大学生创业能推动社会生产力发展。 思维活跃、

灵感丰富、敢于标新立异、富有创新精神的大学生，应是新思想、新观念、新技术、新工艺的开创者，更应是高新技术产业和新兴行业的带头人。纵观美国企业发展史，许多著名的高科技大公司几乎都是大学生创业者们利用风险投资创造出来的。在以美国为代表的西方发达国家，大学生创业的平均比例为20%，大学生创业已成为西方发达国家经济奇迹般持续增长的"秘密武器"。而目前我国大学生创业的平均比例仅为0.3%，所以我国大学生创业具有广阔天地。

（2）大学生创业能实现就业渠道多元化。我国是人口大国，劳动力资源丰富，就业问题一直是国家和社会关注的热点问题。大学生具备较丰富的专业知识和较高的综合素质，实现成功创业的可能性最大。因此，大学生自主创业应作为未来的就业途径之一，不仅帮助大学生自身就业，也能为社会创造新的就业机会。时代呼唤大学生创业，创业是历史赋予当代大学生的使命。

（3）大学生创业能实现社会贡献最大化。大学生创业不但能在全社会营造一种鼓励科技创新的氛围，还能直接推动科技成果的产业化，增强国内企业的国际竞争力。目前，我国中小企业缴纳的税收为国家税收总额的50%左右，创造的最终产品和服务价值相当于国内生产总值的60%左右，技术创新占70%左右，提供城镇就业岗位80%左右。私营企业和个体经济成为吸纳劳动者就业的主渠道。从统计上看，每1个人创业平均可带动3~5人就业，如能成功实现由中小企业向大型企业转型，其倍增效应将会更大。

（4）大学生创业能推动社会进步。创业能促进社会稳定和谐，是实现共同富裕的有效途径。大学生自主创业不仅使大批白手起家的人获得财富回报，更通过扩大社会就业、降低社会失业率，稳定社会秩序，实现共同富裕的发展目标。大学生创业还有利于社会文化、观念的转变。创业使得无数个人进入经济和社会的主流，对形成创新、宽容、民主、公正、诚信等观念和文化具有积极作用。

（二） 创业的整体形势

1. 蓬勃的世界创业潮流

（1） 美国的创业潮流

美国从 20 世纪 80 年代开始在高校中开展创业计划大赛，推动了创业潮流的兴起。 美国经济由于创业革命而发生了巨大的转变， 创业者们创造出前所未有的巨大价值， 大大改变了美国甚至世界的经济。

今天的美国， 一半以上的公民要么自己创业， 要么在创业型的中小企业工作。 现今， 美国无论是硬件环境， 还是资本环境、 创业精神、 内在机制， 其创业条件都处于世界领先地位。

（2） 欧洲三国的创业潮流

欧洲各国很重视改善创业环境， 着力发展创业型经济。
1997 年， 欧盟委员会就召开了有关 "创新、 新企业建立和
就业" 的第一次圆桌会议。

英国政府曾投资 7000 万英镑， 在剑桥大学和麻省理工学
院之间建立起教育研究的伙伴关系， 合作研究的目标是把美
国的经验吸收到英国来， 鼓励创业， 提高生产力和竞争力。
英国创业的优势总体来说： 门槛更低， 政策更灵活， 市场更
透明。 在全球创业成本最低排名中， 英国位居世界第三。

法国从教育制度和财政金融政策等方面推动青年创业，
鼓励企业创新。 据调查， 37% 的法国人希望创立一家属于自
己的公司， 更有 10% 已经着手进行实践。 法国各地公共和私
人实业会向创业者提供廉价的工作环境、 特殊签证， 甚至是
国家补助。

德国人创业情绪相对较低，但仍有接近 50% 的德国人表示创业对他们具有吸引力。

（3） 亚洲的创业潮流

新加坡政府对在新加坡创业和投资非常支持，对于入驻新加坡的企业，政府一般会做天使投资和 A 轮融资，天使投资的规模是 50 万美金，A 轮融资一般是 1000 万新币。政府还会鼓励机构一起来投资 A 轮，除了承诺给参与 A 轮融资的机构做 LP（有限合伙人）之外，还会一起承担风险。因此，大家往往会把新加坡当作一个中转点，在新加坡创业设立公司。

韩国政府为扶持中小企业发展，提出了 "创造经济" 的口号。韩国大学则流传这样一种观念，"大学是预备企业，大学生是预备企业家"。调查显示，70% 的韩国青年希望自己能够创业，这个比例排全球第一位。

综上所述，创业已成为许多国家年轻人的首选。以世界 13 个国家的年轻人为对象进行的一项调查结果显示，回答 "考虑将来创业" 的年轻人达 40%。《全球创业观察中国报告》显示，中国的全员创业活动指数已达到 13.7%，即每 100 位 18 ~ 64 岁的成年人中，就有 13.7 人参加创业活动。这在全球 35 个创业观察成员国中，中国排名第 5 位，属于创业活跃的国家。

2. 中国情境下的大众创业

（1） 涌动的创业大潮

改革开放 40 多年来， 中国的中小企业迅速崛起， 在数量和质量上不断提高， 对社会经济的影响也越来越明显。 改革开放的进程， 是市场经济发展的进程， 更是全民创业的进程， 公民创办企业已经成为一股浩浩荡荡的潮流。

第一次是改革开放初期 "个体户" 的创业潮： 创办乡镇企业。 20 世纪 80 年代初的创业潮， 使得有经济头脑的、 敢于创新冒险的人投身其中。

第二次是在 1992 年邓小平南方谈话之后的下海潮。 这次谈话意义重大， 公务员中的一批精英纷纷下海。 南方谈话推

动了中国第二次经济大发展。

　　第三次是 21 世纪初的海归潮。 中国加入 WTO 和互联网经济崛起这两个关键因素在这次大潮中起了推动作用。 一批海归和国内精英结合起来， 使得中国经济从 2001 年到 2014 年发展异常迅猛。 这次创业大潮因而被称为网络精英式的创业潮。

　　正在形成的第四次创业大潮。 今天的中国， 已经进入新经济环境下政府与市场共同催生的大众创业潮。 2015 年 3 月 5 日， 李克强总理在政府工作报告中着重指出， 推动 "大众创业、 万众创新" 是未来政府工作的重点内容之一。 2018 年， 国务院印发 《关于推动创新创业高质量发展　打造 "双创" 升级版的意见》， 着重从环境、 动力、 创业带动就业、 科技支撑、 平台服务、 金融服务、 资源集聚、 政策落实等方面提出了一系列升级措施。

中国经济发展迅猛，已经形成第四次创业大潮，有两个迹象可以表明：第一，80后、90后年轻人创业热情很高，这与移动互联网革命紧密相连；第二，公务员下海经商的越来越多，这将会是一个普遍的社会现象。

（2）我国的创业环境

近年来，"大众创业、万众创新"持续向更大范围、更高层次和更深程度推进。党的十九大报告提出，鼓励更多社会主体投身创新创业。2018年3月7日，习近平总书记在参加十三届全国人大一次会议广东代表团审议时强调，发展是第一要务，人才是第一资源，创新是第一动力；2018年10月25日，习近平总书记在广东考察时强调，为民营企业、中小企业发展创造更好条件；2019年3月10日，习近平总书记在参加十三届全国人大二次会议福建代表团审议时强调，要营造有利于创新、创业、创造的良好发展环境。

2018 年 5 月 24 日, 李克强总理在对全国普通高等学校毕业生就业创业工作电视电话会议作出重要批示时, 指出促进高校毕业生就业创业, 关系基本民生, 也是加快创新型国家建设的重要支撑。 2018 年 10 月 9 日, 李克强总理对 2018 年全国大众创业万众创新活动周作出重要批示, 持续深入推进"双创"。 当前, "双创" 工作越来越受到党和国家的高度重视, 随着一系列政策措施的出台, 创业环境更加优越。

创新创业持续激发经济活力, 市场主体蓬勃发展。 商事制度改革与 "大众创业、 万众创新" 政策产生叠加效应。 国家统计局发布的 《2020 年国民经济和社会发展统计公报》 显示, 到 2020 年年底, 全国市场主体数量达到了 1.09 亿户, 日均新登记市场主体 6.85 万户, 日均新登记企业 2.2 万户。

市场主体扩展带来就业岗位的增加, 创业拉动就业效果

明显。连续多年，我国就业形势总体平稳、稳中有进。2018 年末，全国城镇登记失业率为 3.8%，降至近年来的低位，全国城镇调查失业率为 4.9%。在外部环境复杂严峻、经济面临下行压力的环境下，就业仍能保持稳定，创业立下汗马功劳。

"双创"环境持续改善，"双创"主体日益多元，各类支撑平台不断丰富，"双创"理念日益深入人心。2018 年，国务院出台政策，着力打造"双创"升级版，旨在推动创新创业高质量发展，进一步增强创业带动就业的能力。

简政放权带来更多政策红利。深化"放管服"改革，创业者开办企业的便利度明显提升，企业的注销登记更加简化，群众办事更加便捷。审查事项、办事流程、数据交换等标准

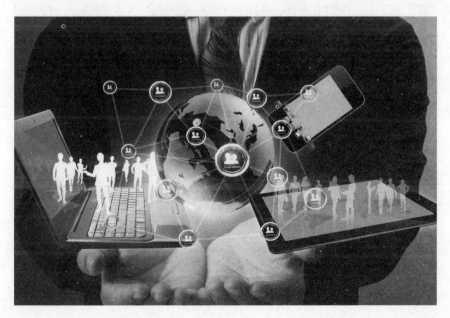

化建设已经发挥作用，妨碍统一市场和公平竞争的规定被逐条废止。社会信用体系更加完善，互联网相关产业创业环境得到改善，吸引更多创业者投身其中。

减税为创业者带来实实在在的支持。减税降费的改革一直没有停歇，"营改增"让创业主体受益良多。社保费率适度调低，减轻了企业的运营成本，进一步激发了市场活力。

创业服务更加精细。众创空间质量管理优胜劣汰的发展机制已经破土而出，一个个有特色、有创意、有技术含量的企业在此诞生；一批批国有企业、科研院所、高校和相关公共服务机构建立了具有独立法人资格的孵化机构，为高科技人员创业提供了肥沃的土壤；生产制造类企业建立的工匠工作室，为创业者提供了富有技术含量的服务；有些机构走出国门，与国外孵化机构对接合作，吸引了不少海外人才回国创新创业。

"互联网＋" 创新创业服务体系正在升级。随着工业互联网与智能制造、电子商务等有机结合，工业互联网平台形成了多层次、系统性工业互联网平台体系，培育了工业互联网应用创新生态，进一步降低了创业主体与资本、技术对接的门槛，使更多优质资源惠及创业者。

（3）我国大学生创业情况

2018 年 6 月 11 日北京发布的《中国大学生就业报告》就业蓝皮书显示，我国大学生创业有以下几个特点：

一是大学毕业生自主创业比例平稳，教育、零售为创业主要行业。比如：2017 届本科毕业生半年后自主创业主要集中在教育产业（22.7％）。2017 届高职高专毕业生半年后自主创业主要集中在零售商业（12.3％）。

二是大学生自主创业存活率基本稳定，创业效果应从长

评价。比如：2014 届大学生毕业半年后有 2.9% 的人自主创业（本科为 2.0%，高职高专为 3.8%），三年后有 6.3% 的人自主创业（本科为 4.1%，高职高专为 8.5%），说明有更多的毕业生在毕业三年内选择了自主创业。毕业生的创业效果应从长评价，不能只局限于毕业时的创业人数。

三是大学毕业生自主创业人群收入优势明显，高出一般就业人群的 20% 左右。比如：2017 届本科毕业生半年后自主创业人群的月收入为 5785 元，比 2017 届本科毕业生半年后平均月收入（4774 元）高 1011 元。2017 届高职高专毕业生半年后自主创业人群的月收入为 4880 元，比 2017 届高职高专毕业生半年后平均月收入（3860 元）高 1020 元。

（4）国家发布的关于大学生创业的政策

从 2014 年 5 月 13 日发布《国务院办公厅关于做好 2014 年全国普通高等学校毕业生就业创业工作的通知》（国办发〔2014〕22 号）起，当前已发布 43 个关于创新创业的文件，大学生的创业优惠政策涉及税收优惠、创业担保贷款和贴息、免收有关行政事业性收费、享受培训补贴、免费创业服务、取消高校毕业生落户限制、创新人才培养、开设创新创业教育课程、强化创新创业实践、改革教学制度、完善学籍管理规定、大学生创业指导服务等方面。

二、 大力开展 "双创" 工作

(一) 创业环境

1. 济南之约

济南市委、 市政府一贯高度重视创业创新工作, 特别是在打造 "五个济南", 建设 "大强美富通" 的现代化国际大都市进程中, 在 "双招双引"、 新旧动能转换、 自贸区建设、 乡村振兴、 优化营商环境等重要项目上, 更加重视 "双创" 的带动支撑作用。 省委常委、 市委书记孙立成多次调研视察 "双创" 工作, 并向四海英才发出 "济南之约": "济南千载难逢的发展机遇, 呼唤八方英才共建共享;

济南创新创业的澎湃动能，助力四海才俊大展宏图；济南跨越发展的美好前景，期待天下名士携手共创……"

2020 年 8 月 12 日，孙立成在 2020 中国·济南人力资本产业高端论坛暨全球人力资本产业中心推进大会上表示，济南将以 "海纳百川聚群贤" 的眼界、胸怀和魄力，高标准打造 "人才特区"：全力提供一流的政策支持，优化升级 "高校 20 条" "双创 19 条" 等一揽子政策，用好用活 3 亿元的人才 "双创" 专项股权资金，对国内外顶尖人才和团队实行 "一事一议" 支持，给予最高 1 亿元的综合资助；全力提供一流的平台支撑，依托人力资本产业园、"人才有价" 评估平台，充分发挥山东产业技术研究院、山东高等技术研究院等新型研发机构的作用，加快建设全球人力资本产业中心，打造国际人力资本产业先行区、示范区；全力提供一流的服务环境，落实高层次人才服务专窗、服务专员制度，用好 "泉城人才服务金卡"，构建人才创新创业、信贷融资、落户安置、子女就学、住房保障等全方位服务体系，让人才在济南创业更加安心、生活更为舒心、发展更有信心。

2020 年 9 月 19 日，孙立成在第三届中国·济南新动能国际高层次人才创新创业大赛颁奖仪式上致辞时表示，当前，济南正抢抓黄河流域生态保护和高质量发展重大国家战略机遇，强化 "东强、西兴、南美、北起、中优" 的发展格局，加快打造科创济南、智造济南、文化济南、生态济

南、 康养济南, 建设 "大强美富通" 现代化国际大都市,
这为广大人才施展才华提供了广阔舞台。 我们将提供最优厚
的政策、 最优良的平台、 最优质的服务, 让人才在济南创业
更加安心、 生活更为舒心、 发展更有信心, 与大家共同谱写
"创新创业、 筑梦泉城" 的精彩篇章。

济南市委副书记、 市长孙述涛也多次主持召开专题会
议, 对做好创业就业工作提出明确要求, 要坚持就业优先战
略和落实更加积极的就业创业政策, 推进以创业带动就业。
要把创业环境营造得更优, 把生活环境打造得更美, 把创新
平台打造得更实, 把扶持政策制定得更到位。

2. 济南的创业优势

作为山东省省会，济南是全省的政治、经济、文化、科研、教育、交通等中心，省会资源优势明显，发展潜力巨大。基本情况可以用"三个一"概括：面积超过1万平方公里，人口突破1千万，GDP正在向1万亿元迈进。进入新时代，济南的创业环境更加优越，人才成长的土壤更加丰饶。

（1）交通便利，有较好的区位优势。济南区位交通优越，北接京津冀，南连长三角，东承环渤海经济圈，西通中原经济区，是多个战略经济区交汇点，是全国重要的综合性交通枢纽城市和内陆港口城市，是山东省辐射带动力最强的城市。"米字型"高速铁路网初具雏形，每天300多个车

次直达 236 个城市， 到北京只需 1 小时 22 分， 到上海只要 3 个小时；济南机场是我国重要的入境门户和干线机场， 162 条航线通往五大洲 84 个城市；"三环十二射" 的高速公路网通达四面八方。 济南积极对接 "一带一路" 倡议， 开通了 "中欧货运班列" "中亚班列"， 打造国际内陆港， 菜鸟物流、 传化物流、 新加坡丰树物流等龙头企业先后入驻。 从济南出发， 可以 "通四海" "达三江"， 为工商业发展奠定重要基础。

（2） 资源丰富， 有创业成长的良好基础。 济南科教、 医疗、 金融等资源要素富集。 近年来， 济南按照高质量发展的要求， 不断加大创新力度， 大力发展新一代信息技术、 高端装备、 医疗康养、 生物制药、 量子科技等十大千亿级产业， 一大批新技术、 新产品、 新业态、 新模式在济南不断涌现： 浪潮集团服务器市场占有率稳居全球第三， 互联芯片全球领先， 新一代神威 E 级原型机系统在国家超算济南中心正式启用， 为 "超级计算机界的下一顶皇冠" E 级计算机的研制成功铺平了道路；全球首个量子通信专网在济南正式运行， 全国首个量子计算与测量标准化技术委员会在济南揭牌成立；中国重汽生产的国内首台零排放、 氢燃料电池新能源汽车成功下线， 全球首台纯电动无人驾驶集装箱重卡投入运营；齐鲁制药在中国生物制药研发 50 强企业中排在第一位；韩都衣舍等一批优秀创新型企业迅猛发展。 据 《国家高新区

瞪羚企业发展报告（2017）》显示，山东 2017 年入围企业
共 109 家，其中济南就有 31 家，占全省近三分之一，居全
省首位。济南有着丰富的科教资源，有各类大学 52 所，在
校大学生 73 万，每年毕业的大学生接近 17 万，各类企业研
发机构 876 家。济南有着丰富的医疗康养资源，拥有三级以
上医院 32 家、各类医疗卫生机构 6188 处。济南还具有丰富
的金融资源，现有各类金融机构 800 余家，金融业增加值、
金融业税收、存贷款余额等主要指标均居全省首位。全国首
个泛北方区域性签证中心的正式启用，将为广大企业家和优
秀人才出入境提供更高效便捷的服务。济南还有着优越的营
商环境，当前，济南正在进一步深化减材料、减证明、减
环节、减时限、减费用等 "五减" 改革，推动政务服务数
字化转型，实现企业、群众办事 "在泉城、全办成"，努
力为企业发展提供全生命周期的最优质 "店小二" 服务，进

一步形成让企业领跑城市、让市场活跃城市、让政府温暖城市、让人民稳定城市的浓厚氛围。在济南，创新创业大有空间、大有前途、大有希望、大有作为！

（3）发展强劲，充满朝气和活力。济南正在进入高质量发展的机遇期、关键期、黄金期。按照山东省委、省政府"让济南这个山东经济龙头扬起来"的要求，济南积极对接京津冀，主动服务雄安新区，打造央企和跨国公司在中国北方的总部基地，积极打造科创济南、智造济南、文化济南、生态济南、康养济南，加快建成"大强美富通"现代化国际大都市，打造环渤海大湾区重要增长极。2018年1月3日，国务院正式批复了《山东新旧动能转换综合试验区建设总体方案》，把济南定位为新旧动能转换的先行区。2019年8月26日，国务院发布《中国（山东）自由贸易试验区总体方案》，继新旧动能转换先行区之后，自贸试验区牵手

济南。2019年9月18日，习近平总书记在河南郑州主持召开黄河流域生态保护和高质量发展座谈会并发表重要讲话，首次明确了济南作为黄河流域中心城市的定位。2021年5月8日，根据《国务院办公厅关于同意济南新旧动能转换起步区建设实施方案的函》要求，国家发展改革委印发了《济南新旧动能转换起步区建设实施方案》，支持济南建设新旧动能转换起步区，形成黄河流域生态保护和高质量发展战略，形成山东新旧动能转换综合试验区的新引擎，形成高水平开放合作的新平台，形成绿色智慧宿居的新城区。三大国家战略在济南交会叠加，济南新旧动能转换起步区建设实施方案的正式批复，为山东省城跨越发展提供了坚实的战略支撑，为打造国际化大都市提供了重大机遇，也为各路英才共享资源、创新创业、开拓市场提供了载体平台。

当前，济南正在打造1030平方公里的先行区核心区，由"大明湖时代"迈向"黄河时代"。自贸试验区深度参与全球产业分工，将吸引集聚一批世界顶尖科技研发机构和高层次人才，形成"政产学研金服用"一体化的产业生态，强力赋能省会十大千亿级产业发展，不断增强济南在全球产业链、价值链中的话语权。到2022年，济南片区将服务企业2万余家，带动产值万亿元以上。黄河流域生态保护和高质量发展重大国家战略，赋予济南黄河流域中心城市的新定位，使济南成为区域发展的龙头。当前中科院科创城、齐鲁

科创大走廊、山东产业技术研究院、山东高等技术研究院等一批高端研发转化平台在此汇聚。以大数据与新一代信息技术、智能制造与高端装备、先进材料、生物医药四大千亿级产业为龙头的先进制造业集群，数字经济占比已经达到39%，国际医学科学中心、"中国算谷"、山东重工绿色智造产业城等都在加快建设，成功获批国家新一代人工智能创新发展试验区。这一系列重大产业平台，托起发展的新愿景。济南还提供完备的要素保障，工业用地"拿地即开工"，项目落地"拎包入驻"，以及"人才新政30条""高校20条""双创19条"等，广开进贤渠道。重大的机遇，将使济南成为天下英才的向往之地、创业之都、圆梦之城。

（4）环境优美，宜居宜人。济南历史悠久、文化灿烂、名人辈出，4500多年前龙山文化就诞生在这块土地

上。曾巩曾写下"齐多甘泉，冠于天下"的赞誉，黄庭坚的"济南潇洒似江南"更是道出了济南独特的风貌，金代文学家元好问遍游济南后，也情不自禁地表达了"羡煞济南山水好""有心长做济南人"的心愿，清代史学家刘凤诰"四面荷花三面柳，一城山色半城湖"的名联，《老残游记》作者刘鹗"家家泉水，户户垂杨"的名句，吸引了多少文人墨客，真是"海右此亭古，济南名士多"。"看山、听泉、观湖、游河、品城"让济南旅游独具韵味，别样精彩。济南的山，层峦叠嶂，"齐烟九点"尽显一城山色；济南的泉，水涌若轮，"天下第一泉""七十二名泉"激扬城市之魂；济南的湖，万涓汇流，"中国第一泉水湖"大明湖彰显开放大气；济南的河，串珠成链，黄河、小清河等70多条河流汇聚无限活力；济南的城，底蕴深厚，齐长城、灵岩寺等古迹绽放时代魅力。今

天的济南，连续三年获得文明城市测评全国第一，获评"中国十大美好生活城市"。近年来主要经济指标增幅均超全国、全省平均水平，位居中国20强城市之列。济南正致力于打造文旅产业链条之"河"，有机衔接"吃住行游购娱"消费市场，一座活力四射的国际旅游消费中心城市正在迅速崛起。

3. 济南市的创业建设

近年来，随着创业政策的深入实施，创业环境不断优化，创业氛围日趋浓厚，市场创业主体增长迅速。根据市工商数据统计，2017年以来新增市场创业主体125.17万户。其中2017年新注册37.06万户，2018年新注册35.79万户，2019年新注册30.78万户，2020年1~10月份新注册21.54

万户。 政策扶持效果突显， 4 年来累计落实个体、 小微企业一次性创业补贴 5.88 亿元， 扶持 39882 人创业。 其中 2017 年落实创业补贴 261.9 万元， 扶持 299 人创业； 2018 年落实创业补贴 7254.6 万元， 扶持 10084 人创业； 2019 年， 落实创业补贴 2.15 亿元， 扶持 15620 人创业； 2020 年落实创业补贴 4.23 亿元， 扶持 19684 人创业。 发放创业担保贷款连年递增， 2017 年发放 3.7 亿元， 2018 年发放 7.8 亿元， 2019 年发放 17 亿元， 2020 年发放 22.8 亿元， 为历史最高。

（1） 创业组织体系健全。 明确市开展统筹城乡就业工作联席会议全面领导协调全市就业创业工作， 并将创业带动就业工作开展情况纳入全市就业工作目标考核体系， 市人社、 财政、 工商、 税务、 银行等部门， 充分发挥职能优势， 密切协调配合， 形成了促进创业工作的合力。 成立市创业型街道、 社区创建领导工作小组， 指导开展创建工作。 市人社局先后在市公共就业服务中心增设了创业服务处、 创业孵化中心管理处， 专门从事创业指导服务和孵化平台的管理工作， 市公共就业服务中心财务处负责创业担保贷款工作。 各县区也建立了相应的工作领导协调机制， 全市 161 个街道 （镇） 人力资源和社会保障服务中心增设了创业服务窗口， 形成了市、 县 （区）、 街道 （镇） 三级创业服务工作网络， 有力地促进了创业工作的顺利开展。

　　（2）创业政策体系完善。近年来，济南市不断加大政策研究，逐步丰富完善创业扶持政策，制定下发了《关于进一步做好促进就业创业工作的实施意见》、就业补助资金管理办法实施意见等政策措施，优化了各项创业补贴政策办理流程，形成了以一次性创业补贴、一次性创业岗位开发补贴、创业场所租赁补贴、创业孵化补贴、创业培训补贴、创业担保贷款为主要内容的新的济南市 "10＋1＋1" 创业扶

持政策体系。 新一轮政策主要体现了降低申请门槛、 扩大享受范围、 提高补贴标准、 简化申请手续、 压缩办理时限等新特点。 新政策的落地实施, 进一步优化了创业环境, 提高了政策扶持创业的效应, 使创业带动就业工作取得了更好的实效。

（3） 创业载体丰富。 制定出台了 《济南市创业孵化基地管理实施意见》, 采取政府投资、 企业投资、 "政企联办" 等多种形式, 加速推进各类创业载体建设。 目前, 全市创业孵化基地数量已达 116 家, 孵化基地面积 300 万余平方米, 入驻基地创业人员 2.1 万人, 带动就业 9.8 万人。孵化基地功能齐全, 配套设施完善, 产业集聚效应和创业带动就业效果明显, 初步形成了市有创业孵化中心、 县（区） 有创业孵化基地、 街道有创业孵化园区、 村有创业孵化网点的创业孵化载体一体化新格局。 创业型城市、 街

道（镇）、社区创建工作稳步推进，历下区、市中区被评为省级创业型县区，3个街道（镇）、30个社区被评为省级创业型街道，14个街道（镇）55个社区被评为市级创业型街道社区。

（4）创业氛围浓厚。连续 7 年举办创业大赛，联合团市委、市妇联、中小企业局等部门单位，举办青年创业之星评选、妇女创业大赛、项目推介会、创业论坛、项目路演、创业创新活动周等活动，为各类创业者搭建交流共享互动平台，发现和培植了李华宾、宋章峰、窦广磊等一大批创业典型。不断加强创业师资队伍建设，为 300 余名创业咨询

师实施培训。深入推进 "互联网＋" 创业行动，在全市营造了 "大众创业、万众创新" 的浓厚氛围。

李华宾

济南乐活网络技术有限公司

（二） 政策支持

济南市的 "10＋1＋1" 扶持创业政策， 即 10 项创业补贴政策、 1 项创业担保贷款政策、 1 项税收减免政策。

1.10 项创业补贴政策

（1） 小微企业一次性创业补贴。 法定劳动年龄内首次领取小微企业营业执照 （2013 年 10 月 1 日以后登记注册）、 正常经营 12 个月以上， 在创办企业最近连续缴纳职工社会保险费不少于 3 个月的创业人员 （法定代表人）、 离岗或在职创业的乡镇事业单位专业技术人员， 可申请小微企业一次性创业补贴， 补贴标准为 2.4 万元。 每名创业人员、 每个企业只能领取一次。

（2） 小微企业一次性创业岗位开发补贴。 2013 年 10 月

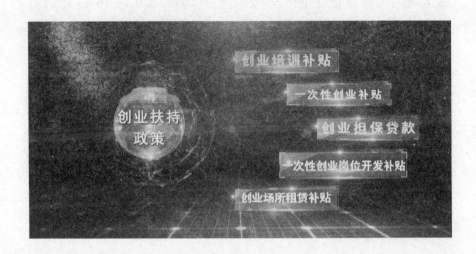

1 日以后注册成立，吸纳登记失业人员和毕业年度高校毕业生（不含创业者本人），并与其签订 1 年及以上期限劳动合同，按月向招用人员支付不低于当地最低工资标准的工资报酬，并按规定为其缴纳职工社会保险费的小微企业，按照申请补贴时创造就业岗位数量和每个岗位 2000 元的标准给予一次性创业岗位开发补贴。

（3）小微企业新招用高校毕业生一次性奖补。2019 年 8 月 16 日之后新招用毕业年度和择业期内高校毕业生就业（含技工院校高级工班、预备技师班和特殊教育院校职业教育类毕业生），签订 1 年（含）以上期限劳动合同的济南市行政区域内工商登记注册的小型微型企业，凭为毕业生缴纳的 4 个月（含）以上社保缴费证明材料（不含补缴），按每招用 1 人补贴 2000 元标准申领一次性奖补资金。

（4）小微企业招用高校毕业生社会保险补贴。济南市行政区域内工商登记注册的小微企业，2019 年 8 月 16 日之后招用毕业年度和择业期内的高校毕业生（含技工院校高级工班、预备技师班和特殊教育院校职业教育类毕业生），签订 1 年（含）以上期限劳动合同，并按时为其缴纳社会保险费的（不含补缴），可申请小微企业招用高校毕业生社会保险补贴。按照企业为其实际缴纳社会保险费的金额和时间，给予企业最长 12 个月的社会保险补贴（不包括个人缴纳部分）。

（5） 小微企业创业场所租赁补贴。 法定劳动年龄内的高层次高技能人才、 返乡农民工、 就业困难人员、 毕业 5 年内全日制高等院校毕业生， 在本市创办小微企业 （2018 年 1 月 1 日以后登记注册）， 租用独立经营场地， 正常经营 12 个月以上， 创业者 （法定代表人） 在创办企业最近连续缴纳职工社会保险费不少于 3 个月， 未享受相应的政府场地租赁费用减免的， 可申请创业场所租赁补贴。 每年补贴标准为 5000元， 采取先缴后补方式， 每年申请 1 次， 补贴期限最长不超过 3 年。

（6） 个体工商户一次性创业补贴。 法定劳动年龄内在本市新注册个体工商户 （2018 年 1 月 1 日以后登记注册）， 正常经营 12 个月以上， 缴纳企业职工社会保险费 （在注册个体工商户名下） 或以灵活就业人员身份缴纳职工基本养老保险费的本市各类人员及连续在我市居住 6 个月以上且在我市参加

社会保险 6 个月以上的外来常住就业失业登记人员， 可申请个体工商户一次性创业补贴， 补贴标准为 3000 元。

（7） 个体工商户创业场所租赁补贴。 法定劳动年龄内本市各类人员及连续在我市居住 6 个月以上且在我市参加社会保险 6 个月以上的外来常住就业失业登记人员， 在本市新注册个体工商户 （2018 年 1 月 1 日以后登记注册）， 入驻市级创业孵化基地正常经营 1 年以上， 可申请创业场所租赁补贴（房租补贴）。 每年 2000 元， 采取先缴后补方式， 补贴期限最长不超过 2 年。

（8） 创业孵化补贴。 对 2019 年 1 月 1 日后， 经市人社部门认定或复审认定的创业孵化基地 （园区）， 根据实际孵化成功企业户数、 企业带动就业等因素， 按每个企业最高不超过 8000 元给予创业孵化基地 （园区） 创业孵化补贴。 创业孵化补贴每年集中申报 1 次， 补贴期限最长不超过 3 年。

（9） 创业培训补贴。 创业培训分为创业意识、 创业能力、 创业能力提升 （或网络创业培训）。 培训补贴标准分别为： 1000 元/人、 1500 元/人、 2000 元/人。

（10） 创业大赛奖励。 每年组织创业大赛， 对大学生参加大赛获奖的， 根据获奖等次分别给予特等奖 10 万元、 一等奖 8 万元、 二等奖 5 万元、 三等奖 3 万元、 优秀奖 1 万元的奖励。

2.1 项创业担保贷款政策

个人创业担保贷款。 符合条件的城镇登记失业人员、 就业困难人员、 复员转业退役军人、 刑满释放人员、 高校在校生、 高校毕业生、 化解过剩产能企业职工和失业人员、 返乡创业农民工、 农村自主创业农民网络商户、 建档立卡贫困人口自主创业的， 可申请创业担保贷款。 贷款额度最高 20 万

元， 贷款期限最长 3 年。 贷款利率在贷款合同签订日贷款市场报价利率的基础上上浮 0.5 个百分点。 按财政相关规定给予部分贴息。 贴息实行 "先交后补"。

小微企业创业担保贷款。 济南市行政区域内注册登记的小微企业当年新招用符合条件人员数量达到企业现有在职职工人数 15% （超过 100 人的企业达 8%） 以上， 与其签订一年以上劳动合同。 符合条件的可申请小微企业创业担保贷款， 贷款额度最高 300 万元， 贷款期限最长 2 年。 贷款利率在贷款合同签订日贷款市场报价利率的基础上上浮 0.5 个百分点。 按财政相关规定给予部分贴息。 贴息实行 "先交后补"。

3.1 项税收减免政策

对自主就业退役士兵、 建档立卡贫困人口、 持 《就业创业证》 （注明 "自主创业税收政策" 或 "毕业年度内自主创业税收政策"） 或 《就业失业登记证》 （注明 "自主创业税收政策"） 的人员， 从事个体经营的， 自办理个体工商户登记当月起 3 年内， 按每户每年 14400 元为限额， 依次扣减其当年实际应缴纳的增值税、 城市维护建设税、 教育费附加、 地方教育附加和个人所得税。

企业招用自主就业退役士兵， 与其签订 1 年以上期限劳动合同并依法缴纳社会保险费的， 自签订劳动合同并缴纳社会保险当月起， 在 3 年内按实际招用人数予以定额依次扣减增值税、 城市维护建设税、 教育费附加、 地方教育附加和企业所得税， 定额标准为每人每年 9000 元。

　　企业招用建档立卡贫困人口， 以及在人力资源社会保障部门公共就业服务机构登记失业半年以上且持 《就业创业证》 或 《就业失业登记证》 （注明 "企业吸纳税收政策"） 的人员， 与其签订 1 年以上期限劳动合同并依法缴纳社会保险费的， 自签订劳动合同并缴纳社会保险当月起， 在 3 年内按实际招用人数予以定额依次扣减增值税、 城市维护建设税、 教育费附加、 地方教育附加和企业所得税， 定额标准为每人每年 7800 元。

三、 全程创业服务

（一） 建立 "两上两下两库" 创业服务体系

1. "两上"

一是创业服务上电视。 济南市公共就业中心和济南电视台合作， 开设了 《创业一刻》 电视创业栏目。 栏目设置创业资讯、 创业政策、 创业平台、 创业典型四个板块， 多角度宣传政府在创业扶持政策、 优化营商环境、 创业服务质效提升等方面的工作， 每月一期， 每期 15 分钟， 分别在济南新闻频道、 济南生活频道、 公交移动电视播出， 引导社会各界共同关心、 关注、 支持创业。

二是创业服务上手机。依托"智慧人社"建设，在手机移动端开发公益创业指导功能，为创业者提供创业导师咨询、创业政策解读、创业导师预约、创业导师会诊、法律金融服务以及优秀创业项目展示等手机移动端创业咨询服务。

2."两下"

一是下基层开展创业服务"四进四送"活动。这指的是在全市范围内组织开展创业服务进社区、进乡村、进院校、进园区，送政策、送技能、送资金、送服务活动。

二是在线下建立济南创业指导平台。依托市大学生创业孵化中心，搭建创业指导公共服务平台，通过创业导师"坐诊""巡诊"和"会诊"的方式进行现场指导。"坐诊"，即安排专家每周二至周五在中心为创业者提供咨询指导服务；"巡诊"，即根据创业者需求，工作人员收集创业者需要解决的问题后，安排创业导师到现场进行指导，如乡

村振兴的农业项目、电商平台项目等; "会诊", 初创者对创业项目进行路演, 聘请 3 名以上行业专家分析项目的可行性, 并提出合理化建议。

3. "两库"

"两库" 是指创业专家库和创业项目库。 结合公共创业指导平台建设, 聘请不同行业领域内的企业家、 知名专家、教授等作为创业导师, 组成我市创业指导团队。 当前创业专家库已有创业导师 50 余人。 对于创业项目库, 主要征集、筛选创业大赛参赛项目和成功创业典型示范项目, 并进行宣传展示, 主要目的是起到示范引领作用, 为创业人员提供创业参考。 通过建立 "两库", 让更多的专家为创业者服务,让更多的优秀项目起到示范引领作用。

（二）"四进四送四建" 创业服务活动

结合济南市新一轮就业创业政策， 深化 "政策落实年"和主动服务理念， 在全市范围内开展创业服务 "四进四送四建" 活动， 以 "进社区、 进乡村、 进院校、 进园区" 达到服务对象全覆盖， 以 "送政策、 送技能、 送资金、 送服务" 达到服务内容全覆盖， 以 "建平台（创业指导公共服务平台）、 建 '两库'（创业导师专家库和创业项目库）、建讲堂 （创业大讲堂）、 建示范点 （创业示范点）" 达到服务网络全覆盖， 从而实现创业者在哪里， 政策就宣传和支持到哪里， 服务平台就延伸到哪里， 让创业就业政策落地生根。2019 年 8 月 21 日， 以 "深化创业服务， 助力乡村振兴" 为主题的 "四进四送四建" 活动和启动仪式在章丘区三涧溪村振兴学院举行， 得到了广大群众的一致好评。

（三） 大学生创业服务链条

该链条是： 创业培训 （创业意识、 创业能力、 创业能力提升） ——创业孵化 （入驻创业孵化基地、 园区和市大学生创业孵化基地） ——企业运营 （创业担保贷款、 小微企业和个体工商户一次性创业补贴、 场所租赁补贴） ——创业指导 （为创业者咨询提供指导服务）。

（四） 大学生创业孵化基地建设

济南市高等院校聚集， 人才资源丰富。 为鼓励、 引导大学生创业， 把高素质人才留在济南， 让优秀创业项目落地济南， 2012 年济南市在高新区舜风路 101 号高新区齐鲁文化创意基地的一处办公楼宇， 建立了总面积 7272 平方米的济南市大学生创业孵化中心。

该中心是由济南市公共就业服务中心组织管理的市级公益性创业孵化基地， 也是面向以大学生为主体的创业人员， 为其提供创业孵化、 创业指导、 创业实训、 创业服务、 成果展示、 政策宣传、 政策落实等的综合性、 多功能创业服务平台。

济南市大学生创业孵化中心共 6 层 4 个单元， 分为公共服务区和创业孵化区。 公共服务区主要集中在 1 层， 设有 "两厅十室" 和 "众创空间"， 即创业服务大厅、 创业成果展厅和创客活动室、 专家指导室、 创业实训室、 创业沙盘室、 创业培训室、 商务洽谈室、 文体活动室、 创客接待室、 资料室、 创融室及创客空间。 2 至 6 层为创业孵化区， 共有创业孵化单元 107 间， 可容纳近百家企业。

作为济南市唯一的公益性大学生创业孵化平台和全市公共就业创业服务体系的重要组成部分， 济南市大学生创业孵化中心按照 "完善城乡均等的公共就业创业服务体系" 的要求， 以创建国家级创业孵化示范基地为目标， 以完善 "创业培训 + 创业预孵化 + 初创孵化 + 产业园区" 的服务体系为重点， 着力完善创业服务体系建设， 加大创业政策落实力度， 不断提高公益性创业服务平台的服务效能和服务质量， 形成了从 "选种" "育苗" "造林" 直至 "成材" 的创业孵化综合服务体系， 成为济南市 "双创" 领域里的助推器， 发挥了市级创业孵化平台的示范带头作用， 先后被评为市级、 省级示范创业孵化平台。 近年来， 先后孵化企业 259家， 减免房租 767.2 万元， 累计带动就业 4000 余人， 企业孵化成功率 98% 以上， 为促进济南市高质量发展做出了积极贡献。

　　根据《济南市人民政府关于进一步做好促进就业创业工作的实施意见》（济政发〔2019〕9号）提出的"加大创业载体建设力度，扩大市级公益性大学生创业孵化基地规模，通过政府购买服务等方式提升公益性大学生创业孵化基地（园区）专业化服务水平，更好满足重点群体创业需要"要求，济南市大学生创业孵化中心将继续发挥引领作用。

政策篇

一、创业补贴政策

（一）小微企业一次性创业补贴

1. 申请条件： 法定劳动年龄内首次领取小微企业营业执照 （2013 年 10 月 1 日以后登记注册）、 正常经营 12 个月以上， 在创办企业最近连续缴纳不少于 3 个月社会保险费的创业人员 （法定代表人）、 离岗或在职创业的乡镇事业单位专业技术人员。

2. 补贴标准： 2.4 万元。

3. 办理程序： （1） 单位申请。 符合申领条件的小微企业创业者， 可携带申请材料向工商注册登记地的街道 （镇）公共就业服务机构提出申请， 也可通过山东公共就业人才服务网上服务大厅， 选择工商注册登记地的街道 （镇） 公共就业服务机构线上申请。 （2） 受理审核。 小微企业创业者线下 （现场） 申请的， 街道 （镇） 公共就业服务机构受理审核， 将符合条件的小微企业创业补贴信息录入申报系统， 并将申请材料扫描件、 比对数据截图作为附件一并上传。 原件退还小微企业创业者。 小微企业创业者线上申请的， 自行将申请材料扫描件 （或资料照片） 作为附件上传申报平台， 街

道（镇）公共就业服务机构对由外网申报平台自动导入的申请材料受理审核，同时将符合条件的小微企业比对数据截图作为附件上传申报系统。（3）审核确认。区（县）公共就业服务机构根据街道（镇）公共就业服务机构审核上报的小微企业一次性创业补贴信息进行审核确认。（4）公示。区县公共就业服务机构审核确认后将小微企业一次性创业补贴名单、金额等信息，公示5个工作日，接受社会监督。（5）资金发放。公示无异议后，区县公共就业服务机构按规定将补贴资金支付到申请单位在银行开立的基本账户，不得使用现金。

4. 申请材料：（1）《小微企业一次性创业补贴申请确认表》。（2）创业者身份证原件。（3）企业近12个月（含）以上财务报表（跨年度的可只提供上一年度末及本年度申报日上月末财务报表；每年1月份申报且截至上年12月底已正常经营满12个月的，提供上年度一季度末及年末财务报表），加盖单位公章。（4）离岗或在职创业的乡镇事业单位专业技术人员提供相关证明材料（所在单位出具的离岗或在职创业证明、专业技术人员证书）。

5. 办理依据：《关于转发鲁财社〔2018〕86号文件做好就业补助资金管理办法的通知》（济财社〔2019〕25号）、《关于小微企业申领创业补贴有关问题的补充通知》（济人社发〔2020〕3号）。

（二）小微企业一次性创业岗位开发补贴

1. 申请条件：2013 年 10 月 1 日以后注册成立，吸纳登记失业人员和毕业年度高校毕业生（不含创业者本人，下同）并与其签订 1 年及以上期限劳动合同，按月向招用人员支付不低于当地最低工资标准的工资报酬，并按规定为其缴纳职工社会保险费的小微企业。

2. 补贴标准：每个岗位 2000 元。

3. 办理程序：（1）单位申请。符合申领条件的小微企业创业者，可携带申请材料到企业工商注册登记地的街道（镇）公共就业服务机构提出申请，也可通过山东公共就业人才服务网上服务大厅单位登录，选择工商注册登记地的街道（镇）公共就业服务机构线上申请。（2）受理审核。小微企业创业者线下（现场）申请的，街道（镇）公共就业服务机构受理审核，将符合条件的小微企业创业岗位开发补贴信息录入申报系统，并将申请材料扫描件、比对数据截图作为附件一并上传。原件退还小微企业创业者。小微企业创业者线上申请的，自行将申请材料扫描件（或资料照片）作为附件上传申报平台，街道（镇）公共就业服务机构对由外网申报平台自动导入的申请材料受理审核，同时将符合条件的小微企业比对数据截图作为附件上传申报系统。（3）审核确认。区县公共就业服务机构根据街道（镇）公共就业服

务机构审核上报的小微企业一次性创业补贴信息进行审核确认。（4）公示。区县公共就业服务机构审核确认后将小微企业一次性创业岗位开发补贴名单、金额等信息，公示 5 个工作日，接受社会监督。（5）资金发放。公示无异议后，区县公共就业服务机构按规定将补贴资金支付到申请单位在银行开立的基本账户，不得使用现金。

4. 申请材料：（1）《小微企业一次性创业岗位开发补贴申请确认表》；（2）《小微企业申请一次性创业岗位开发补贴人员花名册》；（3）创业者身份证原件；（4）带动就业人员身份证原件；（5）银行代单位发放工资明细账；（6）高校毕业生毕业证原件。

5. 办理依据：《关于转发鲁财社〔2018〕86 号文件做好就业补助资金管理办法的通知》（济财社〔2019〕25 号）。

（三）小微企业新招用高校毕业生一次性奖补

1. 申请条件：济南市行政区域内工商登记注册的小微企业，2019 年 8 月 16 日之后新招用毕业年度和择业期内的高校毕业生（含技工院校高级工班、预备技师班和特殊教育院校职业教育类毕业生），签订 1 年（含）以上期限劳动合同（劳动合同须到人社部门备案）并缴纳 4 个月（含）以上社会保险费（不含补缴）。

2. 补贴标准： 企业每招用 1 人补贴 2000 元。

3. 申请材料及办理渠道： （1） 新招用的高校毕业生的身份证、 毕业证； （2） 银行代单位发放工资凭证； （3）《小微企业新招用高校毕业生一次性奖补申请表》 （可从济南市公共就业服务中心官网下载）； （4）《小微企业新招用高校毕业生一次性奖补花名册》 （可从济南市公共就业服务中心官网下载）。 符合条件的小微企业， 可持上述材料到工商注册地的街道 （镇） 公共就业服务机构自愿申请。 也可通过山东公共就业人才服务网上服务大厅单位登录， 选择工商注册地的街道 （镇） 公共就业服务机构线上申请。

4. 办理依据：《关于印发小微企业新招用高校毕业生一次性奖补办理流程等有关工作流程的通知》 （济就字〔2019〕 6 号）。

（四）小微企业招用高校毕业生社会保险补贴

1. 申请条件： 济南市行政区域内工商登记注册的小微企业， 2019 年 8 月 16 日之后招用毕业年度和择业期内的高校毕业生 （含技工院校高级工班、 预备技师班和特殊教育院校职业教育类毕业生）， 签订 1 年 （含） 以上期限劳动合同 （劳动合同须到人社部门备案）， 并按时为其缴纳社会保险费 （不含补缴）。

2. 补贴标准： 根据企业招用的毕业生数量， 按照企业为

其实际缴纳社会保险费的金额和时间，给予企业最长 12 个月的社会保险补贴（不包括个人缴纳部分）。

3. 申请材料及办理渠道：（1）招用的高校毕业生的身份证、毕业证；（2）银行代单位发放工资凭证；（3）《小微企业招用高校毕业生社会保险补贴申请表》（可从济南市公共就业服务中心官网下载）；（4）《小微企业招用高校毕业生社会保险补贴花名册》（可从济南市公共就业服务中心官网下载）。符合条件的小微企业，可持上述材料到工商注册地的街道（镇）公共就业服务机构自愿申请。也可通过山东公共就业人才服务网上服务大厅单位登录，选择工商注册地的街道（镇）公共就业服务机构线上申请。

4. 办理依据：《关于印发小微企业新招用高校毕业生一次性奖补办理流程等有关工作流程的通知》（济就字〔2019〕6 号）。

（五）小微企业创业场所租赁补贴

1. 申请条件：法定劳动年龄内的高层次高技能人才、返乡农民工、就业困难人员、毕业 5 年内全日制高等院校毕业生，在本市创办小微企业（2018 年 1 月 1 日以后登记注册），租用独立经营场地，正常经营 12 个月以上，创业者（法定代表人）在创办企业最近连续缴纳职工社会保险费不少于 3 个月，未享受相应的政府场地租赁费用减免。

2. 补贴标准： 每年 5000 元。 创业场所租赁补贴采取先缴后补方式， 每年申请 1 次， 补贴期限最长不超过 3 年。 同一创业者注册多个小微企业的， 只能在一个企业申请， 不重复享受补贴。

3. 办理程序： （1） 单位申请。 符合申领条件的小微企业创业者， 可携带申请材料向工商注册登记地的街道 （镇）公共就业服务机构提出申请， 也可通过山东公共就业人才服务网上服务大厅单位登录， 选择工商注册登记地的街道（镇） 公共就业服务机构线上申请。 （2） 受理审核。 小微企业创业者线下 （现场） 申请的， 街道 （镇） 公共就业服务机构受理审核， 将符合条件的小微企业创业场所租赁补贴信息录入申报系统， 并将申请材料扫描件、 比对数据截图作为附件一并上传。 原件退还小微企业创业者。 小微企业创业者线上申请的， 自行将申请材料扫描件 （或资料照片） 作为附件上传申报平台， 街道 （镇） 公共就业服务机构对由外网申报平台自动导入的申请材料受理审核， 同时将符合条件的小微企业比对数据截图作为附件上传申报系统。 （3） 审核确认。 区县公共就业服务机构根据街道 （镇） 公共就业服务机构审核上报的小微企业创业场所租赁补贴信息进行审核确认。（4） 公示。 区县公共就业服务机构审核确认后将小微企业创业场所租赁补贴名单、 金额等信息， 公示 5 个工作日， 接受社会监督。 （5） 资金发放。 公示无异议后， 区县公共就业

服务机构按规定将补贴资金支付到申请单位在银行开立的基本账户，不得使用现金。

4. 申请材料：（1）《创业场所租赁补贴申请确认表》。（2）创业者身份证原件。（3）户口簿原件。（4）书面租赁协议和房租付款凭证原件。（5）企业近12个月（含）以上财务报表（跨年度的可只提供上一年度末及本年度申报日上月末财务报表；每年1月份申报且截至上年12月底已正常经营满12个月的，提供上年度一季度末及年末财务报表），加盖单位公章。（6）登记注册创业前的高层次高技能人才证书原件、高校毕业生毕业证书原件、返乡农民工和就业困难人员的证明材料，证明材料系统内能共享提供的，不再让创业者提供，截图保存作为证明材料。

5. 办理依据：《关于转发鲁财社〔2018〕86号文件做好就业补助资金管理办法的通知》（济财社〔2019〕25号）、《关于小微企业申领创业补贴有关问题的补充通知》（济人社发〔2020〕3号）。

（六）个体工商户一次性创业补贴

1. 申请条件：法定劳动年龄内在本市新注册个体工商户（2018年1月1日以后登记注册），正常经营12个月以上，缴纳企业职工社会保险费（在注册个体工商户名下）或以灵活就业人员身份缴纳职工基本养老保险费的本市各类人员及连续在我市居住 6 个月以上且在我市参加社会保险 6 个月以上的外来常住就业失业登记人员，可申请个体工商户一次性创业补贴。每名创业者只能领取一次，已经享受过个体工商户一次性创业补贴的创业者不得重复申请。

2. 补贴标准：3000 元。

3. 办理程序：（1）个人申请。符合申领条件的个体工商户创业者，可携带申请材料向工商注册登记地的街道（镇）公共就业服务机构提出申请，也可通过山东公共就业人才服务网上服务大厅个人登录，选择工商注册登记地的街道（镇）公共就业服务机构线上申请。（2）受理审核。创业者线下（现场）申请的，街道（镇）公共就业服务机构受理审核，将符合条件的个体工商户创业补贴信息录入申报系统，并将申请材料扫描件、比对数据截图作为附件一并上传。原件退还本人。创业者线上申请的，自行将申请材料扫描件（或资料照片）作为附件上传申报平台，街道（镇）公共就业服务机构对由外网申报平台自动导入的申请材料受理审核，同时将符合条件的个体工商户比对数据截图作为附件上传申报系统。（3）审核确认。区县公共就业服务机构根据街道（镇）公共就业服务机构审核上报的个体工商户一次性创业补贴信息进行审核确认。（4）公示。区县公共就业服务机构审核确认后将个体工商户一次性创业补贴名单、金额等信息，公示 5 个工作日，接受社会监督。（5）

资金发放。公示无异议后，区县公共就业服务机构按规定将补贴资金支付到创业者个人银行账户或本人社会保障卡银行账户，不得使用现金。

4. 申请材料：（1）《个体工商户一次性创业补贴申请确认表》；（2）创业者身份证原件；（3）户口簿原件；（4）近6个月经营范围内流水凭证（盖个体工商户章）。

5. 办理依据：《关于转发鲁财社〔2018〕86号文件做好就业补助资金管理办法的通知》（济财社〔2019〕25号）。

（七）个体工商户创业场所租赁补贴

1. 申请条件：法定劳动年龄内本市各类人员及连续在我市居住6个月以上且在我市参加社会保险6个月以上的外来常住就业失业登记人员，在本市新注册个体工商户（2018年1月1日以后登记注册），入驻市级创业孵化基地正常经营1年以上。

2. 补贴标准：每年2000元，采取先缴后补方式，补贴期限最长不超过2年。

3. 办理程序：（1）个人申请。符合申领条件的个体工商户创业者，可携带申请材料向入驻市级创业孵化基地所在的街道（镇）公共就业服务机构提出申请，也可通过山东公共就业人才服务网上服务大厅个人登录，选择市级创业孵化基地所在的街道（镇）公共就业服务机构线上申请。（2）受理审核。创业者线下（现场）申请的，街道（镇）公共就业服务机构受理审核，将符合条件的个体工商户创业场所租赁补贴信息录入申报系统，并将申请材料扫描件、比对数据截图作为附件一并上传。原件退还本人。创业者线上申请的，自行将申请材料扫描件（或资料照片）作为附件上传申报平台，街道（镇）公共就业服务机构对由外网申报平台自动导入的申请材料受理审核，同时将符合条件的个体工商户创业场所租赁补贴比对数据截图作为附件上传申报系统。（3）审核确认。区县公共就业服务机构根据街道（镇）公共就业服务机构审核上报的个体工商户创业场所租赁补贴信息进行审核确认。（4）公示。区县公共就业服务机构审核确认后将个体工商户创业场所租赁补贴名单、金额等信息，公示5个工作日，接受社会监督。（5）资金发放。公示无异议后，区县公共就业服务机构按规定将补贴资金支付到创业者个人银行账户或本人社会保障卡银行账户，不得使用现金。

4. 申请材料：（1）《入驻市级创业孵化基地个体工商户创业场所租赁补贴申请确认表》；（2）创业者身份证原件；（3）户口簿原件；（4）书面租赁协议和房租付款凭证原件；（5）近6个月经营范围内流水凭证（盖个体工商户章）。

5. 办理依据：《关于转发鲁财社〔2018〕86号文件做

好就业补助资金管理办法的通知》（济财社〔2019〕25号）

（八）创业孵化补贴

1. 申请条件：（1）基地（园区）被认定或复审认定为市级创业孵化基地后（以认定文件发布时间为准），在基地内注册成立的新办企业；（2）孵化成功（孵化期6个月以上）搬离基地（园区）后继续在我市经营6个月以上；（3）吸纳就业3人以上，签订1年以上劳动合同并缴纳职工社会保险费。

2. 补贴标准：每个企业最高不超过8000元。创业孵化补贴每年集中申报1次，补贴期限最长不超过3年。孵化成功企业法定代表人另创办其他企业的，不得重复申报。

3. 申请材料及办理程序：（1）单位申请。符合申领条件的创业孵化基地（园区），携带以下材料向所属区县公共就业服务机构提出申请。①市级创业孵化基地（园区）孵化补贴申报表；②市级创业孵化基地（园区）孵化补贴申报汇总表；③企业入驻协议、法定代表人身份证原件，原营业执照复印件；④变更后的企业营业执照原件、经营场所租赁合同复印件；⑤最近连续6个月企业利润表；⑥申报当月或上月职工社会保险费缴费凭证。（2）审核公示。区县公共就业服务机构受理后对申报材料进行审核，符合条件的公示5个工作日，接受社会监督。（3）资金发放。公示无异议后，区县公共就业服务机构按规定将补贴资金支付到创业孵化基地账户，不得使用现金。

4. 办理依据：《关于转发鲁财社〔2018〕86 号文件做好就业补助资金管理办法的通知》（济财社〔2019〕25号）。

（九）创业培训补贴

1. 补贴内容：（1）培训补贴。符合补贴条件的人员可在济南市目录内创业培训机构免费参训，创业培训机构按照合格人数申领培训补贴，全日制大学在校学生在校期间可享受不超过三次的培训补贴（含技能培训补贴），同一专业同一等级不可重复申领。（2）生活费补贴。建档立卡贫困劳动力及子女、城乡低保家庭劳动力、就业困难人员和零就业家庭成员在培训期间按规定给予生活费补贴。生活费补贴标准参照当地月最低工资标准的 60% 确定，培训期不超过 30 天的按实际参训天数补贴，培训期超过 30 天的按 30 天补贴。

2. 补贴标准：创业意识培训 1000 元/人，创业能力培训 1500 元/人，创业能力提升培训 2000 元/人，创业培训（网络）2000 元/人。

3. 培训机构：本市取得合法资质并经评审后进入《济南市创业培训机构目录》的培训机构（下称培训机构）。

4. 适用对象：（1）登记失业人员。济南市城镇登记失

业人员。（2）农村转移就业劳动者（含建档立卡的适龄贫困人口）。济南市户籍以二、三产业为转移就业目标的未转移就业农村劳动者。（3）贫困家庭子女。济南市户籍由政府部门认定的城乡贫困家庭子女。（4）在校大学生。济南市户籍全日制高等院校、职业院校在校学生和驻济全日制高等院校、职业院校在校学生。（5）城乡未继续升学的应届初高中毕业生。济南市户籍城乡未继续升学的应届初高中毕业生。（6）残疾人。济南户籍取得相关部门伤残证书的人员。（7）退役军人。退役当年落户济南的退役军人。（8）创业人员。在济南市注册营业执照（含民办非企业单位登记证书）的创业者。

5. 办理程序：培训机构组织符合补贴条件的人员免费参训，结业后按以下流程申领培训补贴（机构代领培训补贴）。（1）报名登记。符合条件的人员到培训机构报名参训，培训机构登录外网组建班期，填报并校验个人身份信息、低保人员信息、建档立卡贫困人口信息、就业失业登记信息、社保信息，扫描上传参训人员居民身份证、学生证、残疾人证、退役军人证等。（2）备案开班。培训机构向区县提供参训人员花名册（纸质和电子版）、培训计划、教学大纲及培训教师资质证书申请开班。区县登录内网审核相关资料并系统校验人员信息，审核无误即可通知机构开班，开班首日由区县工作人员现场对参训人数、参训学员进行确认，并将学员录入考勤系统。（3）补贴申报。培训结业后，培训机构外网填报并扫描上传《职业培训补贴申领表》、培训合格证书、代领职业培训补贴协议书、税务发票或行政事业性收费票据申报补贴，并提供考勤记录和时长不低于教学计划规定课时50%的全勤影像资料。参训人员考勤记录不得低于80%。（4）公示与拨付。区县登录内网审核机构提交的补贴资料，校验相关资料信息，确认无误后即可将培训成果在市公共就业服务中心网站公示，公示期5天。公示无异议即可将补贴资金支付到培训机构在银行开立的基本账户。

生活费补贴由个人自行申报。

6. 办理依据：《关于转发省专账资金管理办法的通知》（济人社发〔2020〕15号）。

（十）创业大赛奖励

1. 申请条件：符合当年创业大赛报名参赛条件的，创业项目所在地在济南市内的，法定劳动年龄内各类创业群体，有创业能力准备创业或者已经创业的自然人或创业团队、已创业的企业（企业注册时间5年以内）。

2. 奖励标准：特等奖10万元、一等奖8万元、二等奖5万元、三等奖3万元、优秀奖1万元。

3. 办理程序：参赛者获奖后到济南市公共就业服务中心

办理，其中，个人持银行账号，按程序办理转账；企业持银行账号、收据，按程序办理支票。

4. 办理依据：《关于印发〈山东省就业补助资金管理办法〉的通知》（鲁财社〔2018〕86 号）、《关于转发鲁财社〔2018〕86 号文件做好就业补助资金管理办法的通知》（济财社〔2019〕25 号）。

二、 创业担保贷款政策

（一） 个人创业担保贷款

1. 申请条件：符合条件的城镇登记失业人员、就业困难人员、复员转业退役军人、刑满释放人员、高校在校生、高校毕业生（含大学生村官和留学回国学生）、化解过剩产能企业职工和失业人员、返乡创业农民工、网络商户、建档立卡贫困人口、农村自主创业农民、符合条件的离岗或在职创业的乡镇事业单位专业技术人员、港澳台来鲁创业青年；根据省委、省政府有关要求，其他符合条件的返乡创业人员。上述人员在法定劳动年龄内，具有本市户籍（或驻济高校在校生、择业期内高校毕业生、连续在济南市居住 6 个月以上且在济南市参加社会保险 6 个月以上的持《居住证》常住人员） 在我市行政区域内自主或合伙创业 （无在其他单位就业）， 持有营业执照、 民办非企业单位登记证书或其他相关证明。 申请人及配偶有良好的个人信用， 具有还贷能力。除助学贷款、 扶贫贷款、 住房贷款、 购车贷款、 5 万元以下小额消费贷款 （含信用卡消费） 以外， 申请人提交创业担保贷款申请时， 本人及其配偶应没有其他贷款。

2. 享受待遇： 符合条件的个人创业者， 贷款额度最高不超过 20 万元； 符合创业担保贷款条件人员在十大千亿产业领域创办企业的， 贷款最高额度 30 万元； 合伙及组织起来创业的， 可依据人数适当扩大贷款规模， 每人不超过 20 万元，贷款最高额度不超过 60 万元。 贷款期限一次最长不超过 3年， 贷款利率在贷款合同签订日贷款市场报价利率 （LPR）的基础上上浮 0.5 个百分点。 按财政相关规定给予部分贴息。贴息实行 “先交后补”。 对还款积极、 带动就业能力强（带动就业 2 人及以上）、 创业项目好的借款个人， 还款后可再次申请， 但累计次数不得超过 3 次。

3. 办理程序： 符合条件的创业者按规定办理就业登记后， 向街道 （镇） 公共就业服务机构提出申请， 也可通过山东公共就业人才服务网上服务大厅选择个人登录—公共服务—个人担保贷款， 选择注册登记地区县、 街道 （镇） 进行线上申请。 区县公共就业服务机构通过查验申请材料和查询比对相关信息数据进行资格审核， 将已通过资格审核的申请

人信息进行公示。 经办银行、 担保机构贷前调查、 贷款审核及发放贷款。 贷款发放后按季拨付贴息。

4. 申请材料： （1） 《济南市个人创业担保贷款申请表》。 （2） 申请人居民身份证。 （3） 人员类别证明。 ①复员转业退役军人提供 《自主择业军转干部证》 《转业证》 或 《退伍证》； ②刑满释放人员提供 《释放证明书》 《假释证明书》 或 《刑满释放通知书》； ③高校在校生提供 《学生证》； ④高校毕业生提供 《毕业证》； ⑤返乡创业农民工、 农村自主创业农民提供户口本； ⑥网络商户提供网络平台实名注册截图； ⑦建档立卡贫困人口提供扶贫部门出具的精准识别卡； ⑧省职称申报评审系统无法查询的， 乡镇事业单位专业技术人员提供职称证书及所在单位的意见。 非济南市户籍人员提供 《居住证》。 个人创办民办非企业单位提供 《民办非企业单位登记证书》。

5. 办理依据： 《关于印发济南市创业担保贷款实施办法的通知》 （济人社字 〔2020〕 8 号）。

（二） 小微企业创业担保贷款

1. 申请条件： 济南市行政区域内注册登记， 符合 《统计上大中小微型企业划分办法 （2017）》 （国统字 〔2017〕 213 号） 规定 （可通过市场监管部门公布的小微企业名录查验）， 且当年 （申请资格审核前 12 个月内） 新招用符合创业担保贷款申请条件的人员（城镇登记失业人员、就业困难人员、复员转业退役军人、刑满释放人员、高校毕业生、化解过剩产能企业失业人员、建档立卡贫困人口）数量达到企业现有在职职工人数 15%（超过 100 人的企业达到 8%）以上，并与其签订 1 年以上劳动合同的小微企业。

2. 享受待遇：贷款额度最高不超过 300 万元，贷款期限一次最长不超过 2 年。贷款利率在贷款合同签订日贷款市场报价利率（LPR）的基础上上浮 0.5 个百分点。按财政相关规定给予部分贴息。贴息实行"先交后补"。还款积极、带动就业能力强（带动就业 2 人及以上）、创业项目好的企业，可再次申请，累计次数不超过 3 次。

3. 办理程序：符合条件的企业按规定办理就业登记后，向区县公共就业服务机构提出申请，也可通过山东公共就业人才服务网上服务大厅选择单位登录—公共服务—企业担保贷款，选择注册地区县进行线上申请。区县公共就业服务机构通过查验申请材料和查询比对相关信息数据进行资格审核，将已通过资格审核的企业信息进行公示。经办银行、担保机构贷前调查、贷款审核及发放贷款。贷款发放后按季拨付贴息。

4. 申请材料：（1）《济南市小微企业创业担保贷款申请认定表》。（2）法定代表人身份证。（3）企业职工花名册（含当年新招用符合条件人员）。（4）招用符合条件

人员的人员类别证明。 ①复员转业退役军人提供 《自主择业军转干部证》 《转业证》 或 《退伍证》； ②刑满释放人员提供 《释放证明书》 《假释证明书》 或 《刑满释放通知书》； ③高校毕业生提供 《毕业证》； ④建档立卡贫困人口提供扶贫部门出具的精准识别卡； ⑤非济南市户籍城镇登记失业人员提供 《居住证》。 （5） 上年度及申请前一月企业财务报表。

5. 办理依据： 《关于印发济南市创业担保贷款实施办法的通知》 （济人社字 〔2020〕 8 号）。

三、 税收减免政策

（一） 重点群体创业就业税收优惠

1. 适用对象： （1） 建档立卡贫困人口、 持 《就业创业证》 （注明 "自主创业税收政策" 或 "毕业年度内自主创业税收政策"） 或 《就业失业登记证》 （注明 "自主创业税收政策"） 的人员， 从事个体经营的。 ①纳入全国扶贫开发信息系统的建档立卡贫困人口。 ②在人力资源社会保障部门公共就业服务机构登记失业半年以上的人员。 ③零就业家庭、 享受城市居民最低生活保障家庭劳动年龄内的登记失业人员。 ④毕业年度内高校毕业生。 高校毕业生是指实施高等学历教育的普通高等学校、 成人高等学校应届毕业的学生； 毕业年度是指毕业所在自然年， 即 1 月 1 日至 12 月 31 日。 （2）企业招用建档立卡贫困人口， 以及在人力资源社会保障部门公共就业服务机构登记失业半年以上且持 《就业创业证》 或 《就业失业登记证》 （注明 "企业吸纳税收政策"） 的人员， 与其签订 1 年以上期限劳动合同并依法缴纳社会保险费的。 企业是指属于增值税纳税人或企业所得税纳税人的企业等单位。

2. 优惠标准： （1） 建档立卡贫困人口、 持 《就业创业证》 （注明 "自主创业税收政策" 或 "毕业年度内自主创业税收政策"） 或 《就业失业登记证》 （注明 "自主创业税收政策"） 的人员， 从事个体经营的， 自办理个体工商户登记当月起， 在 3 年 （36 个月， 下同） 内按每户每年 12000 元为限额依次扣减其当年实际应缴纳的增值税、 城市维护建设税、 教育费附加、 地方教育附加和个人所得税。 限额标准最高可上浮 20%， 各省、 自治区、 直辖市人民政府可根据本地区实际情况在此幅度内确定具体限额标准。 山东省扣除限额为每户每年 14400 元。 纳税人年度应缴纳税款小于上述扣减限额的， 减免税额以其实际缴纳的税款为限； 大于上述扣减限额的， 以上述扣减限额为限。 （2） 企业招用建档立卡贫困人口， 以及在人力资源社会保障部门公共就业服务

机构登记失业半年以上且持《就业创业证》或《就业失业登记证》（注明"企业吸纳税收政策"）的人员，与其签订1年以上期限劳动合同并依法缴纳社会保险费的，自签订劳动合同并缴纳社会保险当月起，在3年内按实际招用人数予以定额依次扣减增值税、城市维护建设税、教育费附加、地方教育附加和企业所得税优惠。定额标准为每人每年6000元，最高可上浮30%，各省、自治区、直辖市人民政府可根据本地区实际情况在此幅度内确定具体定额标准。城市维护建设税、教育费附加、地方教育附加的计税依据是享受本项税收优惠政策前的增值税应纳税额。山东省定额标准为7800元。

3. 办理渠道：符合条件的自主创业人员从事个体经营、享受税收减免的，到创业地区县公共就业服务机构认定后，自行申报享受，无申办材料。符合条件企业吸纳重点群体人员、享受税收减免的，到企业工商注册地区县公共就业服务机构认定后，自行申报享受，无申办材料。

4. 办理时间：常态化申报。

5. 主管部门：纳税人主管税务机关12366。

6. 实施期限：2019年1月1日起实施，有效期至2021年12月31日。纳税人在2021年12月31日享受本通知规定税收优惠政策未满3年的，可继续享受至3年期满为止。

7. 办理依据：《关于进一步支持和促进重点群体创业就

业有关税收政策的通知》（财税〔2019〕22号）、《关于确定自主就业退役士兵和重点群体创业就业税收扣除标准的通知》（鲁财税〔2019〕8号）。

（二）自主就业退役士兵创业就业税收优惠

1. 适用对象：（1）自主就业退役士兵从事个体经营的，自主就业退役士兵是指依照《退役士兵安置条例》（国务院中央军委令第608号）的规定退出现役并按自主就业方式安置的退役士兵。（2）企业招用自主就业退役士兵，与其签订1年以上期限劳动合同并依法缴纳社会保险费的；企业是指属于增值税纳税人或企业所得税纳税人的企业等单位。

2. 优惠标准：（1）自主就业退役士兵从事个体经营的，自办理个体工商户登记当月起，在3年（36个月，下同）内按每户每年14400元为限额依次扣减其当年实际应缴纳的增值税、城市维护建设税、教育费附加、地方教育附加和个人所得税。（2）企业招用自主就业退役士兵，与其签订1年以上期限劳动合同并依法缴纳社会保险费的，自签订劳动合同并缴纳社会保险当月起，在3年内按实际招用人数予以定额依次扣减增值税、城市维护建设税、教育费附加、地方教育附加和企业所得税优惠，定额标准为每人每年9000元。

3. 办理程序：该政策由纳税人自行享受，不涉及申办流程。纳税人享受优惠事项采取"自行判别、申报享受、相

关资料留存备查" 的办理方式。 纳税人应当根据经营情况以及相关税收规定自行判断是否符合优惠事项规定的条件， 并自行计算减免税额。

4. 申办材料： 无申办材料。 （1） 自主就业退役士兵从事个体经营的， 在享受税收优惠政策进行纳税申报时， 注明其退役军人身份， 并将 《中国人民解放军义务兵退出现役证》 《中国人民解放军士官退出现役证》 或 《中国人民武装警察部队义务兵退出现役证》 《中国人民武装警察部队士官退出现役证》 留存备查。 （2） 企业招用自主就业退役士兵享受税收优惠政策的， 将以下资料留存备查： ①招用自主就业退役士兵的 《中国人民解放军义务兵退出现役证》 《中国人民解放军士官退出现役证》 或 《中国人民武装警察部队义务兵退出现役证》 《中国人民武装警察部队士官退出现役证》； ②企业与招用自主就业退役士兵签订的劳动合同（副本）， 为职工缴纳的社会保险费记录； ③自主就业退役士兵本年度在企业工作时间表。

5. 办理时间： 企业所得税为年度结束后 5 个月内， 增值税及其他税费为常态化申报。

6. 主管部门： 纳税人主管税务机关 12366。

7. 实施期限： 2019 年 1 月 1 日起实施， 有效期至 2021 年 12 月 31 日。 纳税人在 2021 年 12 月 31 日享受本通知规定税收优惠政策未满 3 年的， 可继续享受至 3 年期满为止。

8. 办理依据：《关于进一步扶持自主就业退役士兵创业就业有关税收政策的通知》（财税〔2019〕21号）、《关于确定自主就业退役士兵和重点群体创业就业税收扣除标准的通知》（鲁财税〔2019〕8号）。

四、 济南市大学生创业孵化中心申请入驻政策

1. 申请条件： 入驻企业必须是独立法人经营单位， 且自主经营， 独立核算， 自负盈亏， 能独立承担入驻期间发生的经营风险和因企业运营而产生的经济、 民事等法律责任。 （1） 毕业5年内大学生创办的企业注册1年以内的或创业项目符合以下条件之一的可申请入驻： 属于科技研发与应用、 环境保护、 生物制药、 工程设计、 美术设计、 动漫创意、 影视制作、 文化传播等科技型、 创新型的； 具有较好潜在经济效益和社会效益的商贸物流、 现代服务业和以互联网信息技术为手段经营的； 特困家庭大学生自主创办企业可适当放宽入驻条件。 （2） 为入驻企业提供融资、 财税、 法律、 培训等相关服务的其他企业可申请入驻。 由创孵中心在综合服务大厅安排服务窗口面向入驻企业提供专业服务。

2. 享受政策： （1） 房租全免政策； （2） 创业担保贷款政策； （3） 创业 "两项补贴" 政策； （4） 见习补贴

政策; （5） 创业培训补贴政策; （6） 岗位补贴和社保补贴政策; （7） 对创业成绩突出的留学回国人员, 符合相关规定的, 将优先推荐享受国家、 省、 市关于留学回国人员创新创业的各类优惠政策; （8） 对符合相关条件的入驻企业, 指导其享受行政事业性收费、 税收减免及高新区优惠扶持政策。

3. 办理渠道: （1） 网上申请。 符合条件的创业者登录 "济南市人民政府" 网站进入 "用户中心" 查询办理事项申请办理或将申请资料电子版发送至邮箱: jnjybyjl @ jn. shandong. cn 或 jncfzx@ 126. com。 （2） 现场申请。 直接到济南市大学生创业孵化中心一楼创业服务大厅现场办理申请 （地址: 济南市高新区舜风路 101 号 11 号楼一楼大厅）。

4. 办理依据: 《关于印发 〈济南市大学生创业孵化中心管理意见〉 的通知》 （济就办字 〔2018〕 6 号）。

五、 返乡创业服务站奖补政策

1. 申请条件: 区县可结合返乡入乡创业人员需要, 在省内外重点市设立返乡创业服务站, 并根据服务效果, 给予补助费。

2. 补贴标准: 根据服务效果, 每年给予 5 万元补助费;

每引进 1 名返乡创业成功者， 给予服务站 1 万元的奖补。

3. 适用对象： 人力资源社会保障部门认定或指导设立的返乡创业服务站。

4. 申请材料及办理程序： （1） 申请。 返乡创业服务站提出书面申请 （内容包括服务站的地址、 开办时间、 注册资金、 工作人员、 服务内容和效果等）， 填写 《济南市返乡创业服务站补贴申请表》， 并附成功的创业企业说明 （包括企业名称、 注册地、 法人情况、 注册资金、 运营情况）。 （2） 审核。 区县公共就业服务机构对申请材料进行初审， 初审通过的加盖公章报市公共就业服务机构复审。 （3） 公示。 市公共就业服务机构将复审通过材料反馈区县公共就业服务机构， 由区县公共就业服务机构进行公示。 （4） 发放。 区县公共就业服务机构将奖补资金拨付至返乡创业服务站。

5. 办理依据： 《关于印发济南市应对疫情落实稳就业政策实施细则的通知》 （济人社发 〔2020〕 2 号）。

案例篇

薯立方， 创造地瓜奇迹

——记济南地瓜坊企业管理咨询有限公司宋章峰

宋章峰， 男， 生于 1988 年， 祖籍山东菏泽成武县， 是地地道道的农二代。 2008 年就读于威海职业学院电子商务专业， 2011 年荣获 "省级优秀毕业生" 的称号并顺利毕业。 走出校门的他不甘于过上班族的生活， 凭借敏锐的眼光和敢想敢干的豁达性格， 走上了创业之路。

2011 年 5 月， 宋章峰成立济南地瓜坊企业管理咨询有限公司， 与志同道合的同学一起开启了薯类连锁加盟店的创业之路。 2012 ~ 2014 年， 公司获得了极大发展， 注册了 "薯立方" 自有品牌， 连锁店数量突破 500 家。 2014 年 6 月， 宋章峰依据公司体制改革政策， 注册成立了济南薯立方商业管理有限公司。 其间， 宋章峰多次被评为 "创业之星""山东十大创业青年"， 还在省长创业座谈会上建言献策， 荣登 《齐鲁创业》 杂志封面， 获得 《齐鲁晚报》 整版宣传， 被山东卫视、 山东教育电视台等多家媒体持续跟踪报道， 为薯立方向全国发展奠定了基础。

截至 2015 年上半年， 薯立方旗下已经拥有 600 多家加盟

连锁店，在全国薯类休闲食品市场上占据首位。在品牌发展迅猛之际，薯立方总部不断创新，连续推出"泉城烤薯""薯哥的面"等特色潜力加盟项目，并在济南连续开设"泉城烤薯"直营店面，销售火爆。

薯立方致力于成为中国薯类产业创领者，成为创造地瓜奇迹的地方，成为一群富有饱满创业激情的大学生实现梦想的地方。薯立方立志要完成在全国主要地级、县级城市的店面布局。公司现有员工50余人，部门更加完善，服务更加周到，已经发展成为融公司直营连锁、全国加盟连锁、电子商务运营三大主营业务为一体，能为加盟商提供一站式加盟服务的综合型加盟连锁企业。

带 "贵族水果" 促乡村振兴

——记章丘龙翔树莓生物科技有限公司窦广磊

窦广磊, 男, 生于 1985 年 1 月, 中共党员, 济南市章丘区龙山街道办事处龙一村人, 现任章丘龙翔树莓生物科技有限公司总经理、 章丘龙翔果蔬种植专业合作社理事长。

窦广磊自 2012 年从莱钢辞职回乡创业以来, 致力于发展树莓规模化种植及深加工项目, 2014 年荣获章丘市创业大赛一等奖。 先后当选中国经济林协会树莓蓝莓专委会会员、 山东省经济林协会第三届理事会常务理事, 是章丘市首批获得团中央、 全国青年联合会等倡导的 YBC (中国青年创业国际计划) 扶持创业青年, 2014 年获得 "济南市乡村创富好青年" 称号, 被推荐为山东省农村青年致富带头人。

2008 年, 窦广磊毕业后进入莱钢集团。 此后几年, 他从车间工人干到莱钢电视台特约记者, 在城里安家立业, 一切都如父母所期望的那样。 然而 2012 年, 他放弃了常人眼里优越的城市工作, 顶着压力, 毅然回到章丘老家, 开始自主创业。 其实, 从毕业之初, 窦广磊就一直在寻找创业项目。 当他第一次接触到树莓时, 就被它的外观和口感吸引了。 过

去长在深山里的乡土水果树莓（覆盆子）在国外已有几百年的培植历史，成了"贵族水果"，而且具有广大的市场空间。他心里便种下了发展树莓产业的种子。为了实现创业梦，窦广磊开始利用工作之余查阅资料，考察市场，为创业做前期准备。为了能有更多的时间考察项目，他干脆辞职，去专业的科研机构学习，后来又到了东北、北京等种植基地考察学习，掌握了先进的种植技术。

2012年秋天，窦广磊在章丘党家村承包了土地，从中国林业科学研究院引进了21个国外优良品种。两年多以来，窦广磊在种植中学习，在学习中种植。凭着他的创业激情和拼搏精神，树莓园迎来了丰收。当前，龙翔树莓基地园区面积已经达到300余亩，是山东省品种最多、规模最大的连片种植基地，分别种有黑莓、红莓、紫莓、黄莓、蓝莓、黑加仑等多种特色小浆果。目前，龙翔树莓已经与国内的几家深加工企业签订了长期供货合同，同时与济南及周边地区的超市和社区达成了供货协议。

2014年，山东省林业科学研究院、山东农业大学与章丘龙翔树莓生物科技有限公司达成战略合作，开展山东省农业良种工程项目树莓特色浆果种质保护及良种选育研究；在章丘营建树莓种质资源库，营建不同品种区域试验园，开展优良品种选育和配套栽培技术研究，进行树莓优良品种示范与推广。龙翔树莓培育出的苗木也已经成为山东省内外许多种

案
例
篇

植基地的抢手货。

窦广磊回乡创业， 还不忘带动大家共同致富。 他牵头创办了章丘龙翔果蔬种植专业合作社， 招收村里的剩余劳动力， 实现村民的就近就业 100 多人。 他还极力联系兄弟企业， 推荐村民们就业， 并为无技术、 无经验的村民提供免费的技术培训， 解决了相当一部分村民的就业难题， 并使农村剩余劳动力得到了合理运用。

在前期示范种植成功的基础上， 窦广磊还将随着种植规模和市场需求的扩大， 引进深加工项目， 进一步提升树莓产品的综合附加值， 逐步形成育苗、 种植、 加工、 销售一条龙生产模式， 将树莓这种 "贵族水果" 打造成增加农民收入的主导农业板块， 带领家乡的父老乡亲共同走上致富之路。

打工为 "媒"

——记山东信德人力资源有限责任公司孙淑君

炎炎盛夏，绿荫葱葱。正值暑假，孙淑君选择了在学校附近的餐馆打零工。由于工作兢兢业业，对待顾客积极热情，妥善对待并处理顾客问题，工作结束时，她得到了餐馆老板的认可。老板希望她下个假期还能来工作，并许诺愿意接收更多大学生。于是，带着任务和希望，孙淑君踏出了做人力资源行业的第一步。

课余时间，她跑遍了学校附近十几家小餐馆，并以学校贫困生代表的身份，与餐馆老板们谈日常兼职生的雇佣问题。深入了解后她发现，这些餐厅都面临员工短缺的问题。同时，校内学生的兼职意愿又很强烈，但迟迟找不到有效的招聘信息。孙淑君认识到中介在雇佣双方之间的重要价值。

在对各家餐馆调查后，她基本摸清了员工的需求情况。于是，她便在认识的同学中进行宣传推广，最终促成90名同学被录用。同学们因为她在中间为 "媒" 牵线，每人给了30元的中介费。攥在手里沉甸甸的两千多元钱，成为她在人力资源行业的第一桶金。

发现了这个在大学生与用人单位之间的媒介缺口后，她便抓紧申请了学校的创业基地教室，组织一群有同样热情的同学成立了大学生创业联盟，探索设立了企划部、宣传部、外联部、咨询部等部门，开始专门为大学生与附近商户提供劳务服务，形成了提供人力资源服务的创业项目雏形。

在积累了人力资源工作的初步经验后，她也结束了象牙塔般的大学生活，真正踏入了社会。离开学校，没有了校方提供的项目扶持与福利，成立公司的启动资金成了最大的困难。毕业后的一年内，孙淑君先后跑了驻济十几个大型企业，向他们阐明自己的创业想法，并为成功融资建立公司积累了资金。

2016 年 5 月，山东信德人力资源有限责任公司正式成立了，主要从事人事代理、求职就业、国际人才引进交流等项目。公司最初一直致力于为学生群体搭建平台，在人力资源市场内赢得了良好的声誉，获得了更多融资企业家们的信任，得以进一步扩大业务范围，拓展工作领域，得到了各级政府部门的大力支持，也与省内一流企业及高校建立了合作关系。此外，在相关外事单位的支持下，公司大力开展各项海外业务，在新西兰、澳大利亚、韩国、日本等国家和地区建立了海外人才工作站。

小主题里显身手

—— 记济南飞鸟文化传媒有限公司潘月振

小主题里展现大世界。这是济南飞鸟文化传媒有限公司留给人的印象。

2016年7月成立的济南飞鸟文化传媒有限公司是一家从事文化艺术活动组织、计算机软件开发、创意策划、广告宣传等服务的公司。飞鸟文化的创业带头人潘月振，1989年出生于泰安市，2013年7月毕业于滨州学院。

毕业伊始，潘月振也像其他大学生一样，加入了求职大军，进入一家软件公司，一干就是两年多。工作之余，他对小米主题商店里的手机主题产生了兴趣。

作为智能手机"脸面"的手机主题，因为其巨大的商业价值而身价倍增。以小米手机主题为例，遍布全球的1亿MIUI用户可在手机端和Web端直接选购自己喜欢的主题内容，MIUI最忠实的用户一年花费了6100元购买主题。

手机主题，与我们平时使用的电脑主题类似，用户通过使用手机主题商店下载自己喜欢的主题程序，可以一次性设定好待机图片、 屏幕保护图片、 铃声以及操作界面和图标等, 使用户更方便、 快捷实现手机的个性化。

潘月振觉得, 手机主题就是手机的衣服, 换套手机主题就像是人换套衣服, 同时也可以换个心情。 通过对市场的了解, 潘月振对制作手机主题有了更加浓厚的兴趣。

小小的一个手机主题看似简单, 但是要真真正正地做出来确实不容易, 涉及 UI 设计、 编程等方面的知识。 凭借在这些方面的基础, 他大约用一个月制作出了第一款名为 "有钱就是任性" 的手机主题。 这款手机主题虽然在画面和文字上还略显青涩, 但是非常契合那时候的流行文化, 而且奇迹般地获得了不少下载量。 这让他非常兴奋, 因为这意味着手机主题这条路跑通了。 渐渐地, 他做的主题慢慢多起来, 并在主题商店开始销售。 后来, 潘月振决心将爱好转变为事业, 专注从事手机主题的相关制作工作。

2016 年 7 月, 飞鸟文化传媒有限公司在创业带头人潘月振和几个合伙人的不懈努力下成立了。 俗话说: 万事开头难。 以前在企业, 每个月都有固定的薪资, 身边也有诸多同事协作完成工作。 可在创业伊始, 每件事情都需要亲力亲为。 客户开发、 渠道拓展、 人才招聘、 公司财税等重重困难, 他们都必须一一面对。 最让人头疼的是, 客户在遇到生

意不好的情况下， 不是怨气冲天就是扬言放弃。 每每遇到这种情况， 潘月振总会坚定地说： 方法总比难题多。 这既是在鼓励自己， 也是在增强客户的信心。

公司为了满足用户特别是年轻用户追求时尚的需求， 每月都会结合潮流热点制定出设计风向标， 让设计师根据题材创作， 这就给予了设计师们最大的想象空间和发挥余地。 此外， 公司还积极和各大网站合作， 与平台设计师对接。

随着业务的不断推进， 公司开始与影视制作公司进行合作， 开始制作与电影、 明星等相关的泛娱乐业的手机主题。《澳门风云3》 是一部由刘德华主演的贺岁片， 公司瞅准机会， 结合了很多电影元素， 制作出了以刘德华形象为主的手机主题。 在年轻用户中， 这款主题取得了非常高的下载量。《魔比斯环》 是一部全三维数字国产魔幻大片， 公司开发的相关手机主题就是采用经典的电影宣传海报， 配以重要电影场景制作出来的。 这不仅为合作伙伴增强了在移动端的推广力和曝光度， 也提供了更具吸引力和品牌感的移动传媒服务。 此外， 公司还创立了用户沟通群， 目的是更好地吸收用户的意见和建议， 同时更好地服务用户群体。 有用户表示是因为喜欢某款主题才购买某款手机， 这无疑是对公司手机主题设计的肯定。

　　创业以来， 公司探寻最时尚、 最前沿的设计理念， 以年轻人为目标客户， 设计并制作各种时尚手机主题， 拥有了一批稳定忠实的新新客户群。 截至目前， 所有手机主题的用户下载量突破 500 万， 半年销售额突破 50 万元。 其中， 结合社会热点话题制作的手机主题 "有钱就是任性" 下载量达 40 万， 曾位居小米商店的手机主题下载量排行榜榜首。

　　回首创业路， 潘月振坦言， 最重要的是要有顽强的毅力和不放弃的精神， 同时也要把握时机， 付诸行动， 宁愿笑着流泪， 也不哭着后悔。

牵线乡村游

——记济南乐活网络技术有限公司李华宾

2013 年 8 月成立的济南乐活网络技术有限公司是一家从事旅游咨询、土特产销售等乡村旅游相关业务的公司。公司的创业带头人李华宾，1980 年 2 月出生在天津市，2004 年 6 月毕业于中国科学技术大学材料化学专业，2010 年毕业于南开大学 MBA 中心。

李华宾曾经在三星（韩）、TNT 国际快递（荷）、世能达物流（美）等大型外企工作八年，从事销售、市场研究、业务拓展和大客户管理等工作，具备出色的经营管理能力。其间，他一直没有停止过创业的想法。

在一次同学聚会上，李华宾和几个志同道合的同学聊起旅游，聊得正起劲，却发觉大家对去哪里旅游竟提不出一个好的方案。也正是这个难题，催生了他们的创业项目。2012 年国庆节期间，济南乐活网络技术有限公司创业团队的初始人员，也就是李华宾在南开大学就读 MBA 时的部分同学，对发展乡村旅游在线预订的业务进行了全面、详细的分析，并确定把开办山东村游网作为创业项目。

　　当时的一组统计数字引起了他们的关注： 根据国家旅游局统计， 当年旅游总收入 3.38 万亿元， 而在线旅游收入为 2772.9 亿元。 其中， 乡村旅游收入 3200 亿元， 而在线乡村旅游部分暂无数据参考。 全国国内旅游 36.11 亿人次， 其中乡村旅游 12 亿人次。 入境游 1.28 亿人次， 其中港澳台地区入境旅游 1.02 亿人次。 结合以上数据， 公司把目标市场放在 "乡村游 + 入境游" 上。

　　从 2012 年 5 月试运营开始， 公司一直在积累客户资源和运营经验， 并在 2013 年 1 月开始正式运营。 在上线不到一个月的时间里， 他们迅速赢得了合作伙伴的信任， 打开了市场大门。 其中， 在与卧虎山滑雪场合作不到两个月的时间里， 公司输送游客 300 多人， 成为其第三大网络分销商； 在与临沂智圣温泉合作一个月时间里， 发展成为其第二大网络预定商。 在这之后的一个月时间里， 公司先后向聊城天沐温泉、 济钢小鱼温泉、 烟台塔山滑雪场等输送自驾游游客千余人。

　　山东村游网项目， 由 20 多人的技术团队进行开发和运营维护， 立足山东， 提供乡村游服务。 令团队感到自豪的是， 山东村游网以创意团队的身份参加了 2012 年山东省创业大赛， 过五关斩六将， 接连续斩获济南市预赛第一名、 济南市复赛第一名， 昂首挺进决赛， 并在决赛中取得了山东省分组总冠军的荣誉， 获得 "最具创意团队奖"。

　　经过对旅游市场的深入调研， 李华宾带领团队最终决定

采用典型的 O2O 模式进行运作。 这样既能发挥传统旅行社的操作优势， 又能利用互联网企业的创新思维， 实现共同发展。 公司结合线上营销导流、 线下旅游服务的优势， 为游客提供最优化的服务。

在实际运营中， 公司曾多次遇到融资困难、 员工短缺等问题。 那段时间， 李华宾在家乡和母校之间奔走， 想方设法筹措资金， 招揽人才。 令人欣慰的是， 对于创业大赛的获奖项目， 相关政府部门给予了大力扶持， 济南市人社部门为公司提供了免费的办公场所， 解决了房租难题， 同时提供了相关创业政策的指导与创业培训和融资服务的帮助； 济南市委宣传部为公司提供了文旅项目专项扶持资金； 济南市委组织部还为公司提供了 "5150" 创业人才专项扶持资金； 济南市高新区为公司提供了 "海右人才" 创业扶持专项资金。 通过政府扶持、 风险投资等方式先后获得资金 100 余万元， 资金问题解决了。 在员工招聘方面， 多维度运用互联网招聘和线下招聘活动， 招聘问题也逐步解决了。 在政府部门的扶持和帮助以及公司全体员工的不懈努力下， 公司逐渐摸索出了一套全新的商业模式， 建立了 "HIGH78" 乡村旅游及旅游订制服务平台。 所谓 "HIGH78"， 就是公司的域名， 也是公司的简称， 取 "嗨去吧" 的谐音， 体现出 "让游客玩得开心" 的公司宗旨。

随后， 李华宾带领团队开始探索新的运营模式， 尝试打

造 "Web 平台＋App 应用＋微店平台＋农庄管理系统" 为一体的旅游营销平台， 向游客提供咨询、 预订、 出行一站式旅游订制服务， 让旅程无忧。 通过平台， 游客将获得专属旅游顾问服务。 用户可通过 "带我玩" 功能寻找旅伴和旅游顾问， 实现个性旅游订制， 还可以参加多种多样的会员活动， 不仅价格优惠， 而且可以随时随地分享精彩旅程， 获取多种奖励， 让旅游也可以赚钱。

有了目标， 才能行得更远。 2018 年， 公司实现营业交易额 1500 万， 带动就业 12 人。 公司累计为各类旅游人员提供线上、 线下咨询服务超过 500 万次， 为近百万游客提供了各种出行服务， 多次得到客户的鼓励和支持。

在李华宾的目标里， 他将 "立足山东， 布局周边， 覆盖全国" 作为公司的发展信条， 致力于让公司成为山东省内一流的乡村旅游服务商、 市民周末休闲游的第一门户网站和度假村、 农家乐、 地方景点等首选宣传交易平台， 为广大自驾游、 乡村游、 休闲游的爱好者提供在线旅游服务， 为繁荣山东省乡村旅游业开拓一片新天地。

"淘宝" 新天地

——记山东瀛云斋文化艺术中心鲁雪斌

山东省优秀大学生创业者、山东省优秀学生、"发现双创之星"山东创客代表、"泛海扬帆山东大学生创业行动"学生代表、国家励志奖学金、省政府奖学金、第三届齐鲁大学生创业计划竞赛一等奖、2012 年山东省创业大赛（莱芜赛区）决赛中创意团队项目一等奖……这些令人炫目的荣誉的获得者，是一个二十多岁的年轻小伙子，山东瀛云斋文化艺术中心的创办人——鲁雪斌。

鲁雪斌，枣庄市滕州人，2013 年毕业于莱芜职业技术学院师范教育与艺术系文物鉴定与修复专业。鲁雪斌从小受爷爷的影响，对中国古代的老物件充满兴趣。每当爷爷收集到古钱币、玉器、木器、书画等老物件时，他就跟爷爷一起仔细欣赏。时间长了，他越发对古物背后蕴藏的智慧、历史和文化着迷。上小学二年级的时候，他完成了人生的第一笔"买卖"，花两毛钱从同学手中买了一个清代仿明宣德年间的香炉。同学们看到那些老物件到鲁雪斌这里能换钱，就纷纷从家里找东西来和他兑换。 在小学期间， 他从同学手中收集到了大量香炉、 铜钱、 银锁、 银簪子等老物件。 上初中后， 越来越多的同学与他做起了 "生意"。 最值得鲁雪斌自豪的就是买到了清代老画梅兰竹菊四条屏。 这套四条屏是他分四次买来的， 加起来一共花了 200 多块钱。 他做的这些事情， 家里一点儿也不知情， 也没有给鲁雪斌提供过一分钱。 他的家庭条件不是很好， 钱主要是通过转手买卖物件得来的， 还有一些钱是通过卖破烂赚的。 邻里人都说这小子是个 "赚钱精"。 其实哪有人知道， 这是他为追寻梦想吹起的冲锋号。

2010 年高考时， 鲁雪斌没有考出理想的成绩。 在查阅相关专业信息后， 他决定继续自己的梦想， 报考了莱芜职业技术学院文物鉴定与修复专业。 进入学校后， 班主任老师发现他有与众不同的社会经历后， 就对他委以重任， 让他担任班长。 作为班长， 在开学初， 他制订了班级规划， 坚持 "不抛弃、 不放弃任何一名同学， 提高每一名同学的专业实践能力"， 积极为同学们服务。

鉴于文物鉴定与修复专业注重实践的特殊性， 在开学的第一个月， 他就带领七名同学到济南、 泰安等地的文化市场

进行实地考察。 放假的时候， 他一个人坐车到北京、 泰安等地的古玩市场 "淘宝"， 去观察别人的古董， 听人家讲古董方面的知识。 这些考察看起来简单， 实则历尽艰辛， 费用都是他从平时的生活费里挤出来的。 他从来没有喊苦叫累， 只要能吃上饭、 有地方住就行。 通过考察， 他增加了阅历， 积累了经验， 同时也越发感觉到不能一味在校园里学知识， 必须要与外界交流， 而交流需要一个窗口。 2010 年 10 月， 他牵头成立了校园社团——天一收藏协会。 在接下来的两个月时间里， 他先后组织了两次规模较大的展览。 对于这两次展览， 起初协会的许多会员不愿参与， 于是他带头将家里所有的藏品贡献出来并分门别类进行陈列。 展览、 外出参观等一系列活动极大地激发了同学们学习专业知识的热情。

许多大学生在来学校之前对收藏一点儿也不 "感冒"， 看过几次展览后， 感觉挺有意思， 就参与进来了。 刚开始， 他们的协会只有七个人， 后来发展到百余人， 覆盖到全院所有的系。 一股收藏热潮在学院里兴起了， 关注收藏的人也越来越多。 随着协会规模的扩大， 他又创办了《天一收藏报》。 这份报纸虽然只有四个版面， 但是内容丰富， 器物、 书画、 心得、 资讯等一应俱全， 基本覆盖了收藏需要的所有信息。 在大学的几年间， 鲁雪斌不仅通过系统学习， 将简单的收藏爱好提升到了一定的专业水平， 更经过在校期间的锻炼， 提高了组织管理能力， 为今后创业打下了坚实的基础。

转眼就到了毕业季， 在学院领导和老师的指导下， 鲁雪斌经过深思熟虑， 毅然选择了自主创业， 创办了文化艺术公司。 但难题又摆在面前： 缺少启动资金和办公经营场地。 这对一个刚刚迈出校门的年轻人来说， 无疑是一座不可逾越的大山。 2012 年 6 月， 莱芜市大学生创业孵化中心正式启用， 给予大学生创业者免房租、 免水电物业费、 办公家具无偿使用等扶持政策， 面向社会征集了第一批大学生创业项目入驻。 鲁雪斌第一时间就上报了自己的创业项目和创业计划书。 凭借项目的新颖性和发展前景， 申请顺利通过了专家评审， 他成了孵化中心第一批入驻者。 入驻后， 鲁雪斌在创业指导人员的帮助下， 顺利完成了公司的注册登记， 同时， 又向人社部门申请了 10 万元的小额创业担保贷款， 解决了创业资金不足的燃眉之急。 场地解决了， 资金到位了， 鲁雪斌的创业之路扬起了乘风破浪的风帆。

鲁雪斌从小就是一个极富爱心和同情心的人， 对毕业即

面临失业的茫然和困惑深有体会。 他深知自己创业成功离不开学校老师和同学的帮助及社会的支持， 所以要力所能及地来回报他们。 由于公司的经营范围是艺术品鉴定、 销售、 修复及楷雕等， 都与他们学院的专业相关， 所以， 鲁雪斌从创业那天起， 就带领了 4 名志同道合的同学共同打拼。

在 "淘宝" 的过程中， 他们了解到， 内画是我国特有的传统工艺， 起源于内画鼻烟壶。 这种工艺是以特制的变形细笔， 在玻璃、 水晶、 琥珀等材质的壶坯内， 手绘出细致入微的画面， 格调典雅， 笔触精妙， 是文人墨客喜欢收藏和把玩的工艺品， 也是国家首批非物质文化遗产。 恰好他的母校莱芜职业技术学院在文物保护与修复专业也开设了内画制作课， 聘请了中国内画大师、 鲁派内画代表人物曲克涛为专业指导。 由于内画工艺品制作复杂、 经济收益见效较慢和内画人才培养周期长， 很多年轻人不愿从事这门手艺。 为提高同学们的积极性， 把这门工艺传承下去， 鲁雪斌就带领大家开始研发内画工艺新产品， 添加了更多的现代元素进去。 从传统山水、 花鸟到现代人物肖像、 影像纪念图片等不同产品类别， 从内画壶壶坯的制作和设计到内画壶的包装以及内画工艺发展中的故事， 他们每一步都精心设计， 将现代元素融入内画工艺品中，同时还设计了专属商标，开始尝试着线上线下并行销售。产品一经推出，就得到了市场的认可和欢迎，甚至接到了一些国外企业和机构的订单，开始走向世界各地。

随着公司经营逐步走上正轨，他又陆续吸纳了12名大学毕业生，用于艺术品外围产品的制作和销售。公司成立后，鲁雪斌的瀛云斋文化艺术中心已经由最初的借债经营发展到年营业额100万元，拥有2000多件古玩及艺术品，内画等部分产品开发取得了初步成效，直接吸纳大学生就业16人。2012年11月，在山东省创业大赛（莱芜赛区）决赛中，鲁雪斌的"天人合一"创业团队获创意团队项目一等奖，并代表莱芜市参加山东省复赛；2012年12月，在由山东省科学技术协会、济南市科学技术协会、山东大学主办的"第三届齐鲁大学生创业计划竞赛"中，"天人合一"创业团队的作品《瀛云斋艺术有限公司创业计划书》荣获创业计划类作品一等奖，这是山东省高职院校参赛团队中唯一的一等奖。2016年，他的创业团队和项目获得泛海扬帆山东省创业大赛三等奖、2016年度莱芜市"大众创业、万众创新"奖。同年，鲁雪斌获得"莱芜市优秀青年岗位能手"荣誉称号。鲁雪斌

和他的瀛云斋艺术文化中心，已在当地业内小有名气。

　　鲁雪斌的创业经历引起了社会和媒体的关注。2012 年 8月 4 日，《中国教育报》头版头条以《人人有舞台，个个能成才》为题，对其做了宣传报道；2013 年 5 月 2 日，山东电视台生活频道以"中国梦，我的梦"为主题对鲁雪斌的创业事迹进行了宣传。

诚信自有价值在

——记山东鼎聚企业管理咨询有限公司张琪

有这样一个人， 放弃原本稳定的工作和收入， 转而投身于创业大军。 她就是山东鼎聚企业管理咨询有限公司的负责人张琪。

张琪创建的是一家为中小企业提供培训服务的专业培训机构。 公司的主打产品—— "销售技能训练"，整合了优质且有实战经验的师资力量， 致力于做实效的销售技巧培训， 具有良好的发展前景。

在做企业管理咨询的十几年职业生涯中， 张琪发现目前中小企业几乎都存在经营管理、 产品运营、 平台选择、 团队组建以及供应链整合等问题， 导致中小企业平均寿命仅有两三年。 失败的理由各不相同， 但是本质上的原因就如 "木桶理论" 所说的： 一只木桶能盛多少水， 并不取决于最长的那块木板， 而是取决于最短的那块木板。 同样， 任何一个组织都不可避免地面临构成组织参差不齐的问题， 而这往往决定了整个组织的战斗力、 竞争力。

工信部原中小企业司副司长王健翔曾表示："中小企业成长空间还很巨大，但是需要得到政府、社会各方面的扶持。"

很长一段时间，张琪一直在思考是否可以把企业需求放到一个平台上，用平台优势解决企业短板问题，让企业不再东奔西跑寻找资源。如此一来，既能帮助各位创业者节省时间，同时又能显著降低企业成本，避免出现擅长的没做好，却又被短板拖了后腿，陷公司于被动甚至最终破产的糟糕情况。带着这样的想法，经过半年多思考，张琪毅然决然辞掉了原来相对稳定的工作，带着这样一个梦想、一份责任和情怀，开始了创业之路。

公司成立之初，张琪通过访谈、调研等形式收集了近1000家企业的问题，通过对问题进行整理、归类发现，人脉、管理、市场、资金是企业普遍关注的问题，也是制约企业发展的四个关键问题。在做足市场调查之后，她带领团队进行深入探讨，并与国内著名的营销专家、公司治理专家、互联网运营专家组成智囊团，创立山东省企业发展创新联盟平台。平台与"互联网＋"大数据紧密结合，利用大数据为企业的产品研发，市场细分，管理模式、服务模式、营销模式升级等多方面提供支持，帮助企业更加精准聚焦优势，降低成本，以在短时间内形成有效的核心竞争力。

山东企业发展创新联盟平台逐步实施企业赋能措施。首先，联盟商学院采取会员制，汇聚一众有识之士，在组织大家定期学习交流的同时，针对管理过程中出现的问题、难点，提供管理咨询培训服务。然后，成立鼎聚基金，通过各方渠道对接社会资源、金融机构，为服务企业解决资金周转的困难。第三，推广联盟商城 App（鼎聚独立研发的企业内销平台）。通过发展，已有100000多家企业与平台建立了合作关系。在平台上，所有的入驻企业互为消费商，通过及时的供需交流，借助"社交＋电商"模式，互相提供所需的服务、业务，明显扩大了销售渠道。第四，成立私董会，为会员企业的企业家建立高端俱乐部，通过定期举办丰富的线下主题活动，帮助企业家搭建优质人脉商圈，扩展人脉资源，助力企业发展。

公司通过提供以上四个板块实操落地的服务，有效推动了会员企业的发展，企业数量也在持续增加中。平台已有1000多家会员企业，其中年产值在3000万元以上的企业占比50％，有效地实现了联盟平台搭建的初心：抱团发展，互利

共赢。

就在鼎聚的各项业务如火如荼地开展， 公司运作日渐步入正轨时， 意想不到的事情发生了， 十五天内接连出现了两个大客户的 "跑单" 事件。 这对创立时间不长的鼎聚来说几乎是灭顶之灾， 大家一时都如挨了当头一棒般回不过神来。 "跑单" 直接导致的恶性影响接踵而来： 前期投入的大量资金、 人力成本眼看就要打了水漂， 资金链面临断裂， 后续资金无法到位， 服务项目无法如期开展……但这不能成为鼎聚服务打折的借口。 张琪为了资金运转奔走四方， 整个业务团队更是拧成一股绳。 大家都拼尽全力， 保证会员企业继续享有所有服务项目。 一切看起来都按部就班， 毫无波澜。 经过长达一个月的奋战， 应急资金及时到位， 公司活了下来， 同时也做到了鼎聚承诺的所有服务丝毫未打折扣。 也正是所表现出的诚信， 为鼎聚在业内打响了品牌， 赢得了所有会员企业的信任。

公司已为数百家企业提供了有效的咨询服务， 单笔合同业务额高达千万元， 间接促成业务合作千余件。 公司业务主干力量也从最初的 "独杆司令" 张琪拓展为 16 人的专业团队， 带动就业累计达 260 余人。 各部门各司其职， 协同配合， 使公司在创业激流中稳步前行。

"做中国最受信赖的 '互联网＋' 企业赋能平台" 是该公司的愿景。 为了实现这个美好的愿景， 他们与优秀的人同行， 继续扩大平台企业数量、 保证平台服务质量， 真正为中小企业发展赋能、 助力， 用专业与热情打造平台 500 强， 为中小企业健康发展助一臂之力。

"创业就是做一件有价值的事情， 被信任是最大的幸福"， 这便是张琪的心声。

机会总是青睐有准备的人

——记山东怡然信息技术有限公司路华

2005 年年初， 对路华来说是一个人生转折点。 她在对山大路科技市场、 IT 行业的整体经营情况有所了解后， 拿出自己的全部积蓄——10 万元成立了济南超然计算机信息服务有限公司。

公司成立之初只有两个员工， 主要提供电脑类产品的销售及售后外包服务。 当时， 服务外包还是一个新兴的行业。大部分客户对于将信息化设备交给第三方服务公司来维护还是不能接受的。 路华几乎跑遍了济南所有的企事业单位， 可最终签约成功的客户寥寥无几。 没有业务就没有收入。 公司运行一年后， 还一直处于亏损状态。

2006 年， 公司迁址至科技市场一个不足 10 平方米的柜台， 增加了电子数码类产品的零售渠道。 路华及其所带领的团队终于以坚实的技术和坚忍不拔的毅力， 成功与一家日企签订了长期的外包服务合同。 但一个公司想要长足发展， 单凭少量的外包合同是远远不够的。 公司又先后代理了微星板卡、 AOC 显示器、 丽台显卡、 爱数备份软件等产品， 通过扩大经营范围实现盈利， 从而完成公司初步的规模建设。

经过几年的发展， 公司在外包服务和电脑类产品销售方面都取得了一定的成绩， 订单数量一翻再翻， 合作单位中也不乏知名企事业单位。 政府采购、 企业采购等各行业的客户资源也有了一些积累。 为了公司能够在愈加激烈的行业竞争中站稳脚跟， 长期、 稳定地发展下去， 路华带领团队积极去北京、 上海、 深圳等一线城市学习、 考察， 接触行业领域的前沿信息， 知晓行业现状， 把握发展趋势， 并积极与同行业团体组织接洽， 将更新的技术、 理念引进济南市场。 经过一段时间的 "充电"， 公司再次决定改变思路， 在坚持代理经营原有产品的同时， 研发自己的产品。

通过半年多的考察、 咨询， 2012 年 5 月， 路华在济南市高新区正式注册成立了山东怡然信息技术有限公司， 主要进行备份容灾软件产品的开发。 通过调研， 路华了解到， 目前备份容灾软件的核心技术和市场大部分被国外的产品掌握和占据。 随着国家对自主知识产权软件的大力支持， 国产备份软件正逐步替代国外软件。 上海、 北京等地近几年均有自主研发相关软件并成功推向市场的案例。 通过一段时间没日没夜的集中开发测试， 怡然备份软件基本成型， 并进行了部分高级功能测试及使用情况调试。 结合济南实际， 公司大胆创新， 在备份容灾产品上占得先机。 通过与国内其他领先公司加强合作， 怡然获得了自己的特色： 拥有自主知识产权的系

列解决方案和产品。

路华对自己的创业之路感慨颇深： 每个人的经历都蕴藏着机遇， 但机遇只留给那些时刻有准备的人， 那些有前瞻性眼光和敏锐洞察力的人。 真正的创业者善于在压力下寻求机遇， 在困难中创造机会， 审时度势， 然后义无反顾地坚持。

创业很苦，坚持很酷

——记济南雨滴教育科技有限公司李洪坤

在高中毕业到大学入学前那段漫长的假期里，有的人去旅游放松心情，有的人学车增加技能，而李洪坤却悄然开启了自己的创业生涯。

李洪坤的高考英语成绩还不错，同时也对山东省英语应试考试有较为深入的研究，于是她选择了英语培训这一领域，开始自己的职业生涯探索。当时，她召集了几个同学，开始小有规模地创办辅导机构，用了仅仅一个暑假的时间，便挣了八万块钱。这人生的第一桶金让她尝到了用兴趣与优势为自己赢得物质支持的乐趣。

大学期间，她继续走创业之路，不到两年时间便把文化课培训做得有声有色。大二暑假，她在济南市开了四个文化课培训班，招收学生1200人左右。创业实践已经初具规模，她也渐渐看到了更为广阔的创业前景。

事业发展到一定阶段都会遇到瓶颈期。在一次培训中，李洪坤发现学生的文化课成绩很难再有所提高。她有些不

安，也很愧疚。几经思考，她决定转变发展思路，把文化课培训转变成英语口语培训，一方面是为了给学生提供更实用的语言技能，另一方面也是为了充分利用山东大学丰富的国际化资源这一优势。

从英语角开始，她将留学生及英语学习爱好者聚到一起交流，让大家在多元文化的沟通中学会用英语表达。由此，更为系统与完备的英语口语培训体系逐步建立起来，培训范围也不断扩大，从学生群体到中建八局、浪潮等企事业单位。她的创业脚步迈得越来越大，雨滴教育的名声也渐渐打响。

生命不息，学习不止。尽管创业生活繁忙充实，但她没有停止过学习的脚步。她觉得挣钱是很有意义的一件事，并很享受这个过程。

或许她已深谙学习之道，用两个月就通过了司法考试；用三个月考上了山大法学专业的研究生，其中一门课还接近全国最高分。即使在备考研究生的时候，她也身兼数职：管理一个多达 400 人的培训班，并以准律师的身份参与了一个案子的处理。这并没有让她不知所措，反而让她学会了在不同角色之间迅速转换。同时兼顾学业和创业，高效就显得尤为重要。因此，她练成了上一秒处理公司事情、下一秒就专心学习的高速切换模式。她认为，一个人对自己最大的宠溺，就是让自己随时保持学习的状态，时刻对自己保持新的认知。

"随时都展现出一种乐观的心态"是朋友们对她的评价。从学习到创业，她总是带着乐观披荆斩棘，勇往直前。她说："未来的事，谁知道呢！与其想着不好，增添无谓的烦恼，为什么不想点好事取悦自己呢？"

对于教育创业者来说，人才是最重要的因素。人才招募的关键之一便是真诚。团队中有一个女孩名叫 Anna，是个高考英语接近满分、过了英语专业八级考试的学霸。机缘巧合之下，Anna 与李洪坤的团队在曲阜相处了一天。回来之后，她便毅然加入雨滴教育的团队，尽管李洪坤许诺给她的底薪只有 2000 元。这个像电影情节一般的故事令大家讶异不已，其实李洪坤不过满足了 Anna "每个人都有的那颗创业心"：一个独立的项目，让 Anna 放手去做，利益和损失由她自己负责。这样一来，她的责任心和积极性自然就提高了。不看学历，只看能力，能给的利益就绝对不会亏欠，能承担的风险就不会强加于他人。1 分的好处，能给 1.2 分绝对不会给 0.8 分。

对于大学生创业，李洪坤的观点是：要敢做，更要脚踏

实地地做。 创业肯定会遇到困难， 但创业者不能因为有困难而不去做， 有了困难就去解决， 迎头而上总比什么都不做好。

创业很苦， 坚持很酷。 李洪坤笑得甜美却有力量： "创业会让一个人变得开阔和更加懂得享受人生。 而我能做到的， 大家也能， 甚至更好。"

不忘初心， 在不断创业中寻找出路

——记济南青创大学生创就业服务中心屈子千

十年间， 他历经三次创业， 成败之间收获良多。 如今， 他依然奋斗在创业路上， 凝聚社会力量关注大学生创就业， 成功帮助万千学子圆创业梦。 这位创业路上的追梦者就是济南青创大学生创就业服务中心理事长屈子千。

济南青创大学生创就业服务中心是由济南及周边地区的40余所高校、 企业共同参与， 经济南市民政局审批注册的社会组织， 是山东省内专注于大学生创就业服务的专业平台。 中心在济南市范围内开展创业就业公益讲座， 协助高校开展创就业大赛、 就业双选、 创业辅导， 为大学生提供就业咨询等服务。

谈及创业初衷， 屈子千直言， 当初想到创业， 主要是因为经济上的困难。 "那时候刚考上大学， 学费和生活费都成问题， 我一直想能经济独立， 不再给家里添麻烦。 大三的时候， 发现周围同学都要考英语四六级， 需要教辅材料。 于是我就联系供应商做起了校园代理， 并在学校建立起了几十人的销售团队， 专门从事学习用品的销售， 一个多月下来竟然

赚了8000多块钱。"就这样，屈子千成功挖掘到了人生的第一桶金。而接下来的两年时间里，他更是凭着自己的努力，攒下了数万元积蓄。

2007年毕业之际，周围的同学都在忙着找工作，屈子千毅然选择了创业，代理起了品牌教辅材料。凭借大学实践积累的资源，加上不懈的自我推荐，他最终成功拿到山东和甘肃两个地区的代理权，并在两年的时间里充分发掘市场潜力，也得到了一笔可观的收入。

两年的锤炼，让屈子千信心大增。满怀激情的他决定注册自己的公司，走专业化运营道路。

2009年，他成功注册了第一家公司——济南博远管理咨询有限公司，主要从事企业咨询、企业培训、高校传媒等业务。但真正运营起来之后，公司很快在项目开发、团队建设、资金成本等方面遇到了问题，大约一年半就耗尽了所有资金，支撑不下去了。

结束了创业项目，是去找工作还是继续创业？经过一番痛苦的思想斗争后，越挫越勇的屈子千毅然选择重新创业。于是，他重新考察行业，再次踏上创业征途。

"当时信心满满，结果没想到在运营第一个大学生职前培训项目时就因为市场开发时间太长失败了，光人员成本就赔了十几万。"对于再次创业的屈子千来说，这无异于当头一棒。"公司最困难的时候，员工工资都是我东拼西凑借钱发的。也有很多人劝我转行，不要再继续赔下去了。冷静过后认真一想，遇到困难就畏缩，什么也干不成。于是我开始重新进行商业模式的优化和渠道开发。"屈子千道出了自己的心路历程。

经过对失败经历的反复思考，屈子千向业内人士请教，并不断改进运营模式，在又坚持了一年多的时间后，公司出现转机，成功存活了下来，并且形成了相对稳定的运营模式，盈利情况日渐好转。

有梦想才有希望。2014年，对市场需求极为敏感的屈子千发现了大学生就业服务领域存在大量商机，同时也能为促进大学生就业贡献自己的力量。当年，他又注册成立了山东微聘信息咨询有限公司，致力于线上招聘平台建设、企业高端人才对接、高校大学生就业服务、互联网信息技术等的研发和推广工作，组建了一支20余人的团队，覆盖山东及天津、石家庄、太原等省市市场。这一年，他的创业思路更加清晰，基础管理更加平稳，销售现金流也在平稳发展。2015年8月，公司成功登录上海股权托管交易中心四板上市，代理的渠道建设、财务监管、营销模式等更加稳健，各项发展都进入了快车道。

2016年，屈子千又聚合优质资源，打造社会组织平台，建立了济南青创大学生创就业服务中心。该中心由数家具备十年以上高校服务经验的实力机构发起，联合济南及周边50

余所院校、 山东省内外近千家知名企业， 经济南市民政局审批注册成立， 是省内专业的大学就业创业公益援助平台。

济南青创大学生创就业服务中心结合自身的社会资源优势， 对接企业和高校， 满足广大学生实习、 就业的需求， 同时提供创、 就业的培训和指导， 聘请各大企业的人力资源部总监担任导师并进行一对一指导， 让学生了解当下企业的用人需求， 找准目标， 制订出符合自身的职业生涯规划， 从而尽快找到满意的工作岗位。 对于期望创业的学生， 中心还提供培训指导、 资金扶持、 法律咨询、 员工招聘、 股权管理等一系列服务， 帮助创业学生完善自身技能， 实现自己的创业梦想。

近年来， 济南青创大学生创就业服务中心先后得到各级领导的关注。 原人社部副部长吴道槐、 山东省人力资源和社会保障厅副厅长夏鲁青等领导来此调研过小专场招聘会运营情况， 济南市人社局， 市中区、 高新区人社局， 济南大学等领导相继调研过创业就业工作。

目前， 中心已经连续获得承接政府职能转移和购买服务资格， 青创服务项目顺利获得济南市民政局、 市团委公益创投项目优秀项目奖。 先后开展创业公益巡讲100 余场、 巡回校招100 余场、 公益培训40 余场， 并承接政府和高校项目10 余项， 服务企业会员1000 余家， 惠及近10 万名学生， 帮助济南及周边5000 余家企业实现有效招聘50000 余人， 成为济南极具活力、 极具创新的新型社会服务组织。

　　"创业有艰难， 也有获得感。 要在绝望中寻找希望， 坚持到下一刻总会收获更多。 未来还有很多路要走， 但是梦在前方， 路在脚下， 专注踏实， 路就会越走越宽广。" 屈子千说到这里， 脸上露出灿烂的笑容。

在言行举止中弘扬大国之礼

——记山东大国之礼教育咨询有限公司兰宗晓

2004 年，兰宗晓创立的大国之礼集团，成为中国政务服务培训第一品牌。成立之初，集团主要面向企业和个人，做全行业的教育培训，包括全运会、奥运会、选美大赛、航空服务等礼仪培训。后来，集团进行过两次转型，直到2009 年，转为重点服务政务系统。

目前，大国之礼旗下拥有六大直属机构，主要涵盖了理论研究、教育咨询、人力资源外包、创新型党建服务、文化传媒、"互联网＋"等六大模块的内容。说起集团的六大直属机构，就不得不说一下大国之礼的发展历程。

从单一培训到集团化运营的转变，源于大国之礼曾服务过的客户的多次建议。"你们做培训这么好，能不能去我们服务大厅现场指导一下。"受到启发的兰宗晓于是产生了成立提供政务大厅规范化建设服务机构的想法。接下来，她及时注册了大国之礼教育咨询有限公司。项目实施过程中，一些服务大厅负责人向他们反映："如果我们能有一批像你们的培训师一样的窗口人员，一定能让服务再上一层楼。"客户一句鼓励的话又成了大国之礼政务服务外包 （山东） 有限公司创办的契机。

随后， 兰宗晓带领她的团队与各大高校联合， 以职业教育订单班的培养方式， 为政务系统提供劳务派遣、 岗位外包等服务， 为各级窗口提供高质量的政务人才。

政务大厅的服务水平提升了， 办事群众的满意度也越来越高。 各个大厅的负责人纷纷问他们： "你们能不能帮我们想想办法， 将我们的一些亮点工作、 惠民政策宣传出去？"缘于此， 兰宗晓趁热打铁， 成立了正观文化发展有限公司，主要负责政务品牌塑造与宣传。

当他们在政务服务提升领域取得了一定成就、 被广泛认可之后， 又有人跟他们说： "你们在政务领域有这么深的研究， 有这么多的创新思路， 那在党建领域有没有好的想法？" 商机敏锐的她及时与有关部门联系， 严格按照相关要求组建了党建专家团队， 成立了大国时代教育科技有限公司， 进行 OMO （线上线下结合的平台型商业模式） 创新型党建的研究。

再后来， 兰宗晓又相继创建了专注政务服务理论研究与大国之礼文化研究院， 以及智慧政务技术研发中心。

简单的几段文字就概括了兰宗晓的创业历程， 可经历的每一步又岂是如此简单。 多年来， 她早已形成了积极严谨的工作和生活习惯， 每天坚持早上 5 点读书。 问及创业的艰辛

时，她说："我不觉得苦啊！在喜欢的事业中每前进一步都是快乐的，都是享受。在我的观念中，成功是成功之母，在不断进步中接受历练，是一种享受和快乐。"

近年来，几乎所有的政务系统都有服务标准化建设的内在需求，无论是在管理层面、服务层面还是大厅的硬件设施层面。大国之礼政务服务系统主要服务于基层政务窗口单位，如税务系统（原先的国税局、地税局）、房管局、法院、检察院、人社系统、公安系统、行政审批大厅等，现已覆盖全国9省41市。凡是有大厅、有窗口的单位，都是他们深入挖掘和服务的对象。

大国之礼不仅培训政务礼仪，也帮助政务窗口提升服务。这一系列培训服务实际上是一个大产业，形成了闭环。很多政务系统参加过他们关于服务提升、标准化建设等相关方面的课程，如阳光心态和情绪管理、投诉处理与危机应对、政务服务标准化体系建设、舆情防控、高效沟通、综合素养提升等课程。

当集团运营一段时间后，兰宗晓带领团队又在思索如何寻找并体现自己更大的价值。在一次为民政窗口提供培训服务时，服务大厅发生的一幕给人留下了深刻的印象：一位到大厅办理低保领取手续的大爷，收到钱后，说工作人员少给了他五块钱。工作人员就跟他解释，说钱是按照电脑系统给他的，没有错。但大爷不相信，在那儿争论不休："一定是你们把电脑弄坏了，故意贪我钱。" 无论怎么解释，他都不听。工作人员也很委屈，说："你不能这么侮辱我们的人格吧。" 随后，兰宗晓就去对工作人员说："要对群众态度好点，我们换位思考一下，有没有可能这位大爷家里有残疾的儿子要照顾？五块钱，对于他们一家三口来说就是几天的馒头钱？我们在考虑中午去哪儿吃、吃什么、好不好吃的问题，可这些来领低保的大爷大妈，少了五块钱，可能就要饿好几顿。他们认为能争取一下，五块钱也是钱。"

那天晚上，大国之礼的培训师就给大厅工作人员做分享："其实咱们天天服务百姓，却不一定懂百姓。" 当培训师把在大厅培训时暗中拍下来的照片放给工作人员看的时候，工作人员说："我的天啊，我原来脸这么难看！以前人家说我们'脸难看、事难办'，我是不服的。可当我看到自己拉着脸，对群众单手接递，怎么看都是态度不好啊。"

从那时候起，兰宗晓又开始深入思考，绝大多数公职人员综合素质都很高，都想着把工作做好，可是一项政策层层落实下，到最基层大厅窗口时往往就是"脸难看、事难办"了。百姓接触不到领导，他们能接触到的就是基层的窗口人员。窗口工作人员对他们的脸色就是党和政府对他们的脸色。他们眼中的政府形象就是大厅窗口工作人员的样子。大国之礼着眼于如何提升政务大厅服务水平，让老百姓在窗口有温馨的感觉，是有意义、有价值的。

　　做了长期的政务服务后， 大国之礼又跟标准化研究院对接， 合作制定全国标准， 如在税务系统第三方服务外包、 政务服务大厅第三方管理、 楼宇党建等方面。 大国之礼已经跟多家单位签订了战略合作协议， 重点做标准化制定与申请， 范围从行业标准、 地方标准到国家标准。 大国之礼拥有 128 堂标准化的版权课程， 帮助用户在举止言行中弘扬大国之礼。

心存至善，方能致远

——记山东乐格信息科技有限公司王智

一个周末，王智在电视机前观看中央电视台播出的一期众人帮走失人员寻找亲人的纪实栏目。当时，那些令人揪心的场景让他脑海里浮现一个想法：在每位老人、孩子身上都装上一只电子眼。如果老人、孩子不幸走失，定位寻找不就减少悲剧的发生了吗？

说来也巧，时过不久，他发现朋友圈都在转发一位走失老人的信息。闲谈之余，发现这位老人就是一位朋友的亲戚。提及之时，朋友十分无奈，说虽然转发的好心人不少，但是在转发的过程中，不知为什么出现了很多错误信息。随着老人走失的时间越来越久，找到的希望也越来越渺茫。"如果中国也有一款自己的'安珀'就好了。"朋友无意间提到的一句话，被他默默记在了心里。

数月后，又一位朋友深夜电话求助，问他能不能帮忙找一下走失的奶奶。朋友的奶奶在济南的山师东路走失了，所有家人朋友都出去找了，36小时后经过派出所调取逐条街道

的监控排查，终于在洛口附近发现老人最后一次出现在监控中的身影，之后便失去踪迹。从那一夜开始，他下定决心要做出中国的紧急寻助系统，让走失亲人的家庭不再无助。

说到这里，不得不说一下国外的"安珀警戒"。美国有一个叫安珀·海格曼的儿童遭到绑架、强暴并杀害后，附近的社区民众得知当地法律机关拥有某些讯息，可以在短时间内得知安珀所在的位置。在这件事发生后，得克萨斯州开始使用发布龙卷风和危险天气状况的紧急广播和电视警报系统播出失踪儿童新闻，"安珀警戒"计划开始成形。

根据中民社会救助研究院和今日头条 2016 年联合发布的《中国老年人走失状况白皮书》调查，全国走失老人一年约在 50 万人次上下，平均每天走失老人约为 1370 人次，其中男性占 42%，女性占 58%。此外，据不完全统计，中国每年失踪儿童在 20 万左右。寻找失踪儿童不仅是家长的责任，更是政府和社会职责。

一连串触目惊心的数字牵动着王智的关注："想想那么多失去亲人的家庭，我为什么不能做一个我们中国自己的'安珀'？"决心已定，他付诸行动，成立了山东乐格信息科技有限公司。经过民意调查、社会分析以及专业设计团队的不断努力，公司完成了"紧急寻助" App 的制作。

　　"紧急寻助" App 是一款公益性产品。目前，这款产品界面简洁，便于操作，功能比较完备，拥有完善的生物寻回体系、精准的地图实时定位、详细的后台推送分类，填补了国内相关市场空白。根据后台分类，App 将用户发布的丢失信息根据丢失时间不间断地推送给合理范围的用户。为了完善软件功能，扩大信息覆盖面，王智动用了一切可以使用的资源寻找合作伙伴。只要对方有意向，他立马带上资料前往洽谈。不记得遭受了多少质疑，也记不得听过多少嘲讽，凭着一股韧劲，他最终还是结识了一群志同道合的朋友和有合作意向的专业机构。结合庞大的合作商家与打造 "安全岗" 的理念，根据用户使用体验，他们一遍一遍更改完善系统，强化服务的即时体验，最大限度地让寻求帮助者随时随地获得帮助。

　　随着 "紧急寻助" 系统的不断完善，后台云端海量数据成为公司庞大的资源。在此基础上，王智又将目光投向了当前科技含量较高的人脸识别技术。因为他发现在日益火爆的餐饮服务行业，人脸识别技术潜藏着无限商机。他了解到，服务业在中国国民生产总值中的比重不断攀升，并逐步成为中国经济发展的新支柱和新动力。一个新的商业计划在他心中逐渐成形。

经过进一步调研，他设想通过使用人脸识别、机器视觉以及数据挖掘的大数据分析技术，对商家门店流量、人物属性、VIP顾客管理、轨迹分析等多维度数据进取提取和分析，构建数据化的零售状态，从而帮助管理者优化资源配置，挖掘潜在客户，增强门店竞争力，提升经营业绩。

商机只会垂青勤奋和有准备的人。此后，北上南下地出差成了王智的日常状态，甚至重病也浇不灭他求贤若渴的心。最终，他成功组建起一支专业素质过硬的技术队伍。

又经过无数个日夜奋战，乐格已经自主开发出人脸识别技术算法，并建立了管理后台应用，基于云服务和物联网，为企业提供的用于管理和运营服务的人脸识别系统日臻完善。目前，公司基于人工智能大数据和云计算，将消费结果、用户信息存储在乐格DMP数据处理调度中心，为企业、用户提供新一代信息技术智慧运营方案（S2B2C，即集合供货商赋能于渠道商并共同服务于顾客的全新电子商务营销模式），研发出了智慧运营平台，可为在传统零售业创业的企业和个体工商户赋能，提升其吸纳就业人员的水平和能力。

勇攀线上服务的顶端

——记济南顶商信息科技有限公司王朋

当消费者在淘宝或京东的旗舰店与卖家沟通时，可能感觉卖家远在天边。可消费者不知道的是，他们或许就在身边。济南顶商信息科技有限公司就是一家线上服务企业，服务的著名企业品牌包括美特斯·邦威、太平鸟、欧莱雅、美宝莲等150多个。济南顶商信息科技有限公司在成立不到5年的时间里，员工达到近600人，总部位于济南，已经设立了蚌埠、滕州、枣庄、章丘、菏泽等多家分公司和服务中心。

走进顶商办公区，不闻说笑聊天声，只听到噼里啪啦敲击键盘的声音。一间办公室就是一个淘宝或者京东的品牌旗舰店的综合线上服务后台。顶商集团的创始人王朋曾在联想和三星工作多年，但一直有创业梦的他，毅然从高薪企业辞职创业，于2014年成立济南顶商信息科技有限公司，主要为阿里、京东、拼多多等平台提供第三方服务及品牌的CRM（客户关系管理）代运营服务。

说到创业初期的经历，王朋说："说实话，刚开始我们

做得很不容易。" 在一次销售高潮前， 公司几个得力干将被其他公司挖了墙角。 "我当时也是一筹莫展， 公司怎么越过这个坎？" 后来王朋放胆将销售工作委托到更多大学生身上。最后， 他们不但完成公司目标， 而且超额完成任务。 "后来挖墙脚的公司破产， 把他的客户以每个 800 元的价格卖给我， 我分别又加了 200 元。" 王朋豁达地说， 对于那个公司的做法， 他能够理解， 都是为了生存， 都是为了发展。

公司成立之初， 王朋手里一个客户都没有， 也没有很好的渠道可以获得。 后经阿里小二引荐入驻阿里的服务平台后， 他们看到了希望， 但是也更强烈地感受到了竞争。 如何能在几百家公司中脱颖而出， 让用户看到并得到信任呢？ 最后， 他们用了最有诚意的做法： 免费服务。 向有意向的用户承诺 7×15 小时在线客服服务， 保证快速响应、 经验丰富、耐心有效， 帮其处理售前、 售中、 售后的各种问题， 免费服务三个月。 三个月结束后， 服务满意再付费合作。 在销售团队执着的努力下， 他们迎来了第一批客户。

"其实在我们跟用户合作的半个月后， 就有用户开始给我们付费， 因为服务好、 信得过。" 王朋说， 这给了他很大的信心， 也激励着他更好地服务用户。 此后， 公司迅速走上正轨并快速发展。 现在已经有 3000 多家商户及千余家天猫店铺共同认可他们的服务， 公司将这些用户下放给公司中层， 不但调动了大家的积极性， 而且增加了员工收入。

近年来， 看到太多创业者的艰辛和付出， 但是结果往往不尽如人意， 王朋说要充分发挥顶商集团现有的优势， 投入资金、 师资、 技术和经验， 主动对创业者及在校大学生进行创业初期的引导和帮扶， 帮助学生会创业、 创成业， 且将创业风险最小化。

为更好地帮助大学生创业， 2018 年， 王朋成立了山东云媒互动网络科技有限公司， 并推出 "蒲公英计划"。 通过云媒创业训练， 以互帮互助的形式， 散播经验， 分享成功， 帮助每一位创业者完成自己的梦想。

坚持到底是王朋创业的最大体会。 创业的路上肯定会遇到这样那样的困难， 他鼓励每一位创业者， 有志者事竟成， 只要想方设法克服困难， 企业发展就会 "更上一层楼"。

在创业中实现人生价值

——记山东爱不释书数字技术有限公司耿化龙

山东爱不释书数字技术有限公司是山东省唯一一家专业为全国公共图书馆、社区文化站、高校图书馆、中小学图书馆提供软件平台及数字化内容解决方案的企业，是省级高新技术产业、双软企业、3A级信用企业、专精特新企业，通过ISO9001质量管理体系认证。目前在长春、北京、南京、上海、广州、贵阳、成都、兰州设有分公司及办事机构，服务全国八百多家机构用户。2014年、2017年获得两轮风险投资基金注资，有年产值5000多万元，员工100余人，其中研发人员40余人。

山东爱不释书数字技术有限公司的创业带头人耿化龙，1983年8月出生于山东省泰安市，2008年7月毕业于山东经济学院统计与应用数学学院信息与计算机科学专业。

2008年3月，即将毕业的耿化龙在考研大军和考公务员大军中寻找着自己的方向。在大部分同学从这两条路中做选择的时候，他不禁问自己：人生目标是什么？经过深思熟虑，他很坚定地回答：创业。

　　既然选择了创业这条路，那么首先要做的就是积累资本。通过分析前辈们的创业经验，他发现他们创业前的背景一般有两种，一种是技术，一种是销售。技术出身的创业者一般对技术有无限的痴迷，在对技术创新的不断追求中，实现关键性技术突破，然后将技术转化为应用，投入市场。销售出身的创业者一般比较现实和理智，会根据对市场和目标客户需求的了解、分析，然后通过需求反向寻找产品或服务。后者对市场极其敏锐，一般都拥有较长时间的一线工作经验，同时又能站在一定战略高度上规划市场。耿化龙不是一个痴迷于技术研发的人，而是一个性格开朗、喜欢交朋友的人，所以他立志做一名销售型创业者，不断向用人单位投简历，应聘销售岗位。

　　2008 年 4 月，耿化龙被中国最大的中文数据库公司录用，并负责山东省市场。他给自己定下 5 年要做到事业部总经理的目标。这一年，在领导和同事的帮助下，他超额完成任务。2009 年，公司建立新的事业部，他有幸被领导选中，进入新的业务部门，担任南部大区经理，之后又陆续担任华东大区经理、华中大区经理。2010 年 3 月，耿化龙被任命为教育项目事业部总经理。当公司领导把任命书交到他

手里的时候，他欣喜地告诉自己，5 年的职业规划目标，他 2 年就完成了。

自从担任教育项目事业部总经理以来，耿化龙出差到过沈阳、郑州、长沙、武汉、广州、深圳、南宁、成都、海口、兰州，几乎踏遍大江南北。三个多月的出差经历，让他帮助公司完成了市场布局，同时也让他在心里大体谋划出了创业的方向和目标。

2010 年 7 月，耿化龙离开原来的公司，创建了大众图创（山东爱不释书数字技术有限公司），主要从事期刊、图书、电子出版物零售，计算机软件开发，计算机软硬件、电子产品销售，计算机软硬件及网络运行服务，电子书技术开发、技术咨询等。在两年的时间里，他发现大部分中文数据库公司做的都是学术类的资源产品，面对的人群都是 20 ～ 50 岁的高校科研人员、企事业单位科研人员，而提供给青少年儿童的数据库产品少之又少。于是，大众图创从创建开始就把 3 ～ 18 岁的未成年人作为目标客户，把打造最优秀的未成年人阅读交流社区作为企业的发展方向。

接着，企业开始代理漫画类资源产品，并将其在山东省的少儿图书馆、中小学、幼儿园进行推广。到了 2011 年年底，虽然公司实现了近百万的销售额，但是运营仍然举步维艰。因为这个还未成熟的市场的推广费用非常高，而且作为一家代理企业，他们还要向厂家缴纳高额的代理费。于是，耿化龙决定勒紧裤腰带，开发自己的产品。

2012年6月，大众图创资源平台开发成功，并获得了软件著作权。大众图创资源平台是面向国内图书馆的电子阅览室，在结合了爱不释书公司领先的 iBook 技术与平台及所拥有的大量连环画资源的基础上，打造的全新产品。产品弥补了当时电子书市场上连环画部分的空白，丰富了电子阅览室的呈现内容。该产品的技术平台运用先进、成熟的数字技术和网络技术，充分考虑满足当前需要、适应资源共享和实现可持续发展的目标，拥有远程、快速、全面、有序、智能、特色六大服务优势。通过展示平台软件，配合展示终端（电脑、触摸屏阅读器、移动设备等），大众图创资源平台以多种形式深入馆内、社区服务点以及地铁站、公交车站、机场、商场等场所的各个角落，让文化深入大众，让大众享受优质的阅读服务。而且，这款平台借鉴了几家成熟的数据库厂商的优点，将场景式展示引入数据库平台，让孩子们可以在模拟的场景中进行互动式阅读，一经推出就得到很多山东客户的青睐。

2012年8月，企业开始陆续开发江苏市场、安徽市场、

河南市场、 西北市场、 东三省市场。 当年年底, 这款推出不到半年的产品就实现了销售额突破百万的业绩。 同时, 企业也得到了济南各级政府的鼓励和大力支持。 济南市人社部门不仅为其提供免费办公场地, 还提供各种优惠政策; 高新区委宣传部为其颁发了出版物经营许可证; 济南市创业促进会给企业提供了无息创业扶持贷款。 这些支持为企业的发展提供了很大的助力。

2013 年伊始, 经过不懈的努力, 大众图创与北京洋洋兔动漫原创机构、 郑州壹卡通动漫原创机构等全国 8 家原创机构和出版社签订版权合作协议, 使产品线覆盖期刊、 绘本、漫画等, 同时实现了使用覆盖互联网、 触摸屏终端、 手机、平板电脑、 红外体感等多种方式, 成为领先全国的少儿数字出版厂商。

回首创业的这 3 年, 耿化龙和创业团队经历了很多挫折,甚至一度由于资金链断裂, 公司濒临破产, 但是他们最终坚持下来了。 在这 3 年的时间里, 企业在磨砺中不断成长, 团队成员在脚踏实地的奋斗中, 离梦想越来越近。 这种感觉非常奇妙, 这样的人生更加有意义。

编后记

以"选择济南 共赢未来"为主题的就业、创业姊妹篇，经过材料收集整理、编辑修订终于要与读者见面了。在这两本书的成书过程中，山东省人力资源和社会保障厅党组副书记、副厅长，一级巡视员夏鲁青同志给予了高度重视和支持，并亲自作序；长期从事就业创业工作的金鲁峰、张弛、张良红等同志热忱撰文、改稿和提供材料，付出了辛勤汗水，对此均表示深深的谢意。

撰写本书，主要目的就是让广大青年才俊和高校毕业生提升职业素养，激发创业梦想，勇于社会实践，从而在建设社会主义现代化国家的新征程上，实现自己的人生价值。目前，全社会很多专家学者都在致力于这一时代课题的研究，诸如莫荣主编的《就业蓝皮书：中国就业发展报告（2020）》、景扬和彭万忠主编的《恪守职业道德提升职业素养》、彭华伟主编的《互联网背景下的创业基础与实践》、刘畅主编的《创业基础》、石建勋主编的《创业管理》等等，他们以强烈的使命担当默默为大学生就业创业提供着丰富的养分。正因为目标一致、使命一致，所以，在撰写过程中，我们参考吸取了其宝贵的资料，在此一并表示诚挚的感谢！

同时，因编者水平有限，本书一定存在很多不足之处，恳请大家批评指正。

编　者

2021 年 1 月 29 日

图书在版编目(CIP)数据

创业是发展之源/窦进科主编. —济南:济南出版社,2021.6

(选择济南 共赢未来)

ISBN 978 - 7 - 5488 - 4717 - 5

Ⅰ.①创… Ⅱ.①窦… Ⅲ.①创业—研究—济南 Ⅳ.①F249.275.21

中国版本图书馆 CIP 数据核字(2021)第 109963 号

选择济南 共赢未来
——创业是发展之源

主　　编　窦进科

出 版 人　崔　刚
责任编辑　刘召燕　李文展
装帧设计　张　倩　刘梦诗
出版发行　济南出版社
地　　址　济南市二环南路 1 号
邮　　编　250002
印　　刷　肥城新华印刷有限公司
成品尺寸　170mm×240mm　16 开
印　　张　10
字　　数　91 千
版　　次　2021 年 6 月第 1 版
印　　次　2021 年 6 月第 1 次印刷
定　　价　49.00 元

(如有倒页、缺页、白页,请直接与出版社联系调换。联系电话:0531 - 86131736)